Albert Biesinger
Wie Gott in die Familie kommt

Albert Biesinger

Wie Gott in die Familie kommt

Zwölf Einladungen

Mit Bildern von Beate Biesinger

Kösel

Copyright © 2008 Kösel-Verlag, München,
in der Verlagsgruppe Random House GmbH
Druck und Bindung: Kösel, Krugzell
Umschlag: fuchs_design, München
Umschlagmotiv: Mel Curtis / gettyimages
Printed in Germany
ISBN 978-3-466-36816-7

www.koesel.de

INHALT

WO KINDER SIND,
IST GOTT SCHON DA

»Wie Gott in die Familie kommt: Zwölf Einladungen« lautet der Titel dieses Buches. Muss man Gott überhaupt einladen? Wo Leben entsteht, ist Gott. Gott ist in Familien schon da. Der Schöpfer der Welt schaut uns in den neugeborenen Kindern entgegen. Wenn ein Kind ins Leben kommt, beginnt die Liebesgeschichte Gottes mit diesem Menschen und mit der Menschheit neu.

Wenn wir daran glauben können, dass Gott unser Schöpfer ist, wissen wir, dass uns ein göttlicher Funke, Geist vom Geist Gottes, mitgegeben ist in dieses Leben auf der Erde, zu dieser ganz bestimmten Zeit, an diesem ganz bestimmten Ort. Wer den christlichen Weg von seinen Wurzeln her versteht, weiß, dass wir nicht an Gott herumzerren müssen, damit er sich uns endlich großzügig zuwendet. Spirituell leben heißt, Gott in sich selbst zum Zuge kommen zu lassen: Du bist bei Gott unbedingt erwünscht.

Für viele Eltern – nicht alle – ist die Erfahrung »Wir bekommen ein Kind ...« und »Wir haben ein Kind ...« auch spirituell hochkarätig. Die Tränen vieler Väter und Mütter bei der Geburt ihrer Kinder sind nicht nur Zeichen der Anspannung und Entlastung, wenn endlich alles gut gegangen ist. Oft sind sie Ausdruck der Berührung mit dem Schöpfer dieses Kindes. Wie sonst kommen wir Menschen mit unserem Schöpfer in einen solch einmaligen Kontakt wie bei der Geburt eines Kindes!

Gott ist durch Ihr Kind in Ihrer Familie längst da. Wenn Gott schon da ist, warum sollen wir ihn dann einladen? Genau besehen, kann es nur darum gehen, sich dessen bewusst zu werden und alltagstaugliche Wege für unsere ureigene persönliche Antwort auf seine uns bereits geschenkte Beziehung zu finden.

Dieses Buch lädt Sie dazu ein. Es ist geschrieben aus jahrelanger Praxis in unserer eigenen Familie mit vier Kindern und zwei Enkelkindern. Letztlich waren sie unsere »Engel am Wege«, die uns die große Vision »Gott in der Familie« erschlossen haben.

Jeder dieser zwölf Einladungen vorangestellt ist ein Bild meiner Frau Beate Biesinger – Patchworkarbeiten, die bunt und vielfältig sind wie das Leben und zugleich eine Einladung zum »Durchblick«: Hier drückt sich die Gottesbeziehung in Farben und Formen aus. Die Bilder wollen Sie auf dem Weg der Gottespraxis in Ihrer Familie begleiten.

Ich widme dieses Buch meiner Frau Beate Biesinger, unseren Kindern David, Manuel, Benjamin und Ingrid, unseren Enkelkindern Joshua und Lisa Kaleha und ihren Familien und Ihnen, liebe Leserinnen und Leser, auf Ihrem eigenen kreativen Weg, Gott in Ihre Familien einzuladen.

Pfingsten 2008
Albert Biesinger

Sie sind eingeladen, sich von Gott erneut berühren zu lassen

Ich lade Sie ein, in Ihre eigene Kindheit einzutauchen und Ihre ersten Berührungen mit Gott aufzuspüren und ihnen nachzuspüren.

Dabei begleite ich Sie, gebe Ihnen aber keine Anweisungen, was Sie tun sollen, sondern spreche auf dieser Erinnerungsreise sozusagen mit mir und von mir selbst. Wenn Sie wollen, können Sie sich darauf einlassen und sich auf diese Weise selbst in Ihre eigene religiöse Kindheit zurückführen lassen. Es kann dabei hilfreich sein, wenn Sie die Augen schließen, sich bequem hinsetzen, mehrmals tief aus- und einatmen und die Bilder dann langsam in Ihnen aufsteigen lassen:

Ich gehe jetzt zurück in meine Kindheit. Ich bin jetzt zwanzig
  Jahre alt; ich lasse die Bilder aufsteigen.
Jetzt bin ich fünfzehn ...
Jetzt bin ich zehn ...
Jetzt bin ich am Beginn der Grundschule ...

Jetzt bin ich in meiner Kindergartenzeit ...
Ich versuche möglichst so weit zurückzugehen,
    wie ich mich locker erinnern kann,
    und lasse die Bilder aus meiner frühen Kindheit
    aufsteigen.

Meine ersten Bilder und Berührungen mit Gott

Ich rufe Bilder meiner ersten Berührungen mit Gott hervor.
Wer war dabei ...? Welche Gefühle habe ich dabei ...?
In der Kirche, mit meiner Oma, mit meinen Eltern ...
Die Gesänge, der Weihrauch, die Stille, die läutenden Glocken
    ...
Gebete, manchmal am Abend mit meinem Vater ...
Der Nikolaus ist gekommen ...
Das Krippenspiel im Kindergarten ...
Der Heilige Abend bei uns in der Familie ...
Das Jesuskind in unserer Familienkrippe, die Hirten
    darum herum, Maria und Josef ...
Die brennenden Kerzen am Tannenbaum, geschmückt
    mit Sternen ...
Die eingepackten Geschenke auf dem Boden ...
Das gute Essen ...
Unsere Augen leuchten, und auch die unserer Eltern ...
Ich komme in die Grundschule ... Der Religionsunterricht ...
    Wir hören die biblischen Geschichten, wir malen sie ...
Ich gehe zur Erstkommunion ... Wer war dabei?
    Wer hat mich vorbereitet?

Ich hole die Gesichter der Menschen hervor, die auf meinem
   Weg zur Erstkommunion wichtig waren ...
Mein Erstkommuniontag ...
Wie ich strahle, als wir mit Kreuz und Fahne in
   die Kirche einziehen ...
Die jubelnde Orgel ...
Die überfüllte Kirche ...
Wir haben die Erstkommunionkerze angezündet ...
Ich gehe nach vorne und hole das gewandelte Brot.
   Jesus ist jetzt zu mir gekommen. Ich spreche mit ihm
   ganz allein und bete zu ihm für meine Verwandten und
   Freunde und für die damals schon kranke Oma ...
Es war ein Tag voller Glück. Ein Festessen, wie es selten
   eines gab, die Geschenke, die Verwandten. So wichtig
   und im Mittelpunkt war ich nie mehr in meiner ganzen
   Kindheit. Am Abend die Andacht, wir tauschen uns
   über unsere Geschenke aus ...
Müde, aber glücklich falle ich in den Schlaf ...
Die nächsten Wochen, ich gehöre jetzt ganz dazu ...
Der Schulalltag geht wie gewohnt weiter ...
Ich komme in die Pubertät ... Beginne zu zweifeln.
   Vieles von dem, was sie mir gesagt haben, stimmte
   gar nicht ...
Auch mein Glaube ist in die Pubertät gekommen,
   er hat sich gehäutet.
Ich habe mich durchgezweifelt und als Erwachsener
   anders zu Gott gefunden. Heute bin ich dankbar,
   durch so manche Gotteskrise gekommen zu sein.

Ein großer Schritt: Die große Liebe ... wir bekommen
    ein Kind ... lassen es taufen, begleiten es in die
    Kirche hinein.
Und jetzt geht mein Kind zur Erstkommunion ...
    Meine eigene Erfahrung mit Erstkommunion kreuzt sich
    mit der meines Kindes. Bewusst gehen wir als Familie
    gemeinsam den Kommunionweg ...[1]
Die Berührung mit Gott geht weiter, in hellen und in
    dunklen Tagen ...

In Vorträgen und Gesprächen bin ich in den letzten Jahren immer wieder auf folgendes Problem gestoßen: Natürlich verbinden nicht alle Erwachsenen mit ihren Kindheitserinnerungen so positive Berührungen mit Gott, wie ich sie erfahren durfte. Viele Eltern wollen ihre Kinder eigentlich schon religiös erziehen, sie haben aber aufgrund der eigenen – sei es mangelnden oder schlechten – Erfahrungen mit religiöser Erziehung Hemmungen, dies zu tun. Zum einen wollen sie diejenige Qualität religiöser Erziehung, die sie selbst erlebt haben, auf keinen Fall mit ihren eigenen Kindern realisieren. Und so kommen manche schließlich zu dem Ergebnis: Lieber gar keine religiöse Erziehung,

---

[1] Als Unterstützung für den gemeinsamen Kommunionweg in der Familie haben sich die inzwischen weitverbreiteten Bausteine aus »Gott mit neuen Augen sehen. Familienbuch« (München [2]2004) von *Albert Biesinger, Herbert Bendel, David Biesinger, Barbara Berger* bewährt, die das religiöse Familiengespräch anregen und religiöse Wirklichkeit durch Basiswissen erschließen. Vgl. zum Beispiel den Baustein 19 »Wandlung und Verwandlung unseres Lebens«, ebd. S. 119ff.

als Fehler zu machen, die Kindern nachher vielleicht schaden könnten.

Meine Antwort auf diese Anfragen: Die Erfahrung machen Sie als Eltern ja auf verschiedenen Gebieten, dass Sie manches ganz anders mit Ihren Kindern vollziehen, als Sie es von Ihren Eltern her kennen. Beispiele dafür gibt es genug. Die Erziehungsstile der eigenen Eltern sind oft nur bedingt übertragbar auf den Erziehungsstil mit unseren eigenen Kindern; Zeiten und Anforderungen haben sich geändert. Und dennoch hören Sie deshalb nicht einfach auf, Ihre Kinder zu erziehen, sondern Sie erziehen Ihre Kinder eben in der Weise, wie Sie es für richtig halten. Wichtig ist dabei vor allem, dass wir uns mit den eigenen Kindheitserfahrungen auseinandersetzen und uns gegebenenfalls bemühen, uns bewusst anders zu verhalten als unsere Eltern. Gleiches gilt auch für den Bereich der religiösen Erziehung. Auch hier ist es wichtig, dass wir uns von manchen eigenen negativen Erfahrungen ablösen und eine entsprechende neue Qualität mit unseren Kindern finden.

Und alle, die ängstlich und unsicher sind, weil sie befürchten, es nicht »richtig« zu machen, ermutige ich immer wieder: Glaube hat vor allem mit gelebtem Vorbild, mit gelebter Beziehung zu tun, und herzlich wenig mit »schlauem Wissen«. Gehen Sie eigene Schritte und finden Sie die für Sie passenden Wege, um Ihren Kindern die Beziehung mit Gott zu eröffnen: Etwas Besseres kann es gar nicht geben!

Gott berührt uns ein ganzes Leben lang. Jeden Tag berührt mich Gott – ich muss es nur merken. Da ich ja schon von Gott umfasst bin, kann ich meine eigene »Gottespraxis« und ihre geheimnisvollen Zusammenhänge mit Kindern austauschen. Dadurch wird Gott in Familien wahrnehmbar, erkennbar, bedeutsam und wir können die Berührung spüren, dass er da ist.

Sie sind eingeladen zur Gottes-Spiritualität in Ihrer Familie

»Warum kommt man überhaupt auf die Welt, wenn man eh wieder sterben muss ...?« – so der dreizehnjährige Benjamin. Die Frage nach dem Warum unseres Lebens zu beantworten, ist – wenn es wirklich um Bildung und humane Existenz gehen soll – elementar wichtig. Bildung ist mehr als das, was PISA-Studien abprüfen. Aus welchem Geist (»Spiritus«) ich mein Leben lebe, welche Spiritualität mich prägt, hat für mein Handeln und auch für die Familie Folgen. In meinem Leben muss ich immer wieder zwischen Geist und Ungeist unterscheiden lernen. Wenn ich Gottes Spiritualität lebe, öffne ich mich für Gottes Geist.

Weil Gott unser Schöpfer ist, tragen wir als seine Geschöpfe einen göttlichen Funken in uns. Er hat uns etwas von sich selbst mit in unser Leben in der materiellen Welt mit all ihren Gefährdungen, Leidsituationen und Zusammenbrüchen, aber auch mit ihren Hoffnungen, ihrem Glück und ihren Visionen gegeben. Wir sind nicht »Geworfene im

Weltall«, sondern vielmehr sein Ebenbild: Als Mann und Frau schuf er sie, als sein Ebenbild schuf er sie, sagt die Bibel (Gen 1,27). Die Durchlässigkeit zur Herkunft unserer Herkunft schenkt uns die beglückende Erfahrung, nicht von Gott abgespalten, getrennt und alleingelassen die uns hier gegebenen Jahrzehnte auf dieser relativ kleinen Erdkugel leben zu müssen.

Gott existiert – oder er existiert nicht. Dies ist die Grundentscheidung. Ich entscheide mich aufgrund der großen Zusagen des christlichen Weges für die Beziehung mit Gott, nicht für das Reich des Bösen und der Destruktion. Ich will im »Reich Gottes«, in seinem »Be-Reich« leben und meine Gottesbeziehung als meine Lebenspraxis leben. Solche Gottesspiritualität ist konkret und alltagstauglich:

Gottesspiritualität und Gottespraxis ist, wenn Eltern ihrem sechs Wochen alten Sohn auf der Intensivstation des Klinikums vor seinem Tod im Klinikgarten noch einmal die Erde und den Himmel zeigen. Das Kind ist an medizinische Geräte angeschlossen, ein Arzt geht mit. Sie erzählen ihrem Kind von ihrem Leben auf der Erde, wie sie ihm zu Hause schon vor der Geburt sein Zimmer hergerichtet haben. Dass Oma, Opa und seine Schwester auch schon lange auf ihn warten. Sie zeigen ihm den »Himmel« und was sie dort für ihr Kind erhoffen.

Gottesspiritualität und Gottespraxis ist, wenn die Hebamme die tot geborene Johanna der Mutter im weißen Kleid in die Arme legt und dann den Vater bittet, mit den beiden

Geschwistern des Mädchens in die Klinik zu kommen. In ruhiger Atmosphäre nehmen die beiden vier und sechs Jahre alten Buben ihre tote Schwester auf den Arm, streicheln ihr über den Kopf und machen ihr ein Kreuzzeichen auf die kalte Stirn. Eine spirituelle Handlung nicht aus Lehrbüchern.

Im Garten eines Freundes brennt in einer großen Glaslaterne nachts eine Kerze. Er ist Krankenhausseelsorger, spricht mit den Sterbenden über Loslassen, Sichanvertrauen, Verzweifeln und Hoffen. Die Angehörigen bedürfen des Trostes, den es manchmal gar nicht gibt. Wenn er nachts heimkommt, vertraut er diese Menschen dem Licht der Kerze an, das in der Dunkelheit schimmernd Konturen von Zukunft ahnen lässt.

Gottesspiritualität und Gottespraxis ist, wenn der erwachsene Enkel Silvester mit den gebrechlichen Großeltern feiert. Wenn er die Zerstreutheit der Oma annimmt, die früher doch eine so starke Frau war.

Gottesspiritualität und Gottespraxis ist, wenn eine Achtzehnjährige nicht bereit ist, in den längst gebuchten Urlaub zu fliegen, ohne ihre an vielen Überlebensschläuchen hängende krebskranke Freundin auf der Intensivstation zu besuchen. Sie lässt sich auf der Station nicht abwimmeln, nähert sich zaghaft dem Bett. Beide wissen sie nicht, ob sie sich möglicherweise zum letzten Mal auf dieser Erde sehen. Eine spirituelle Begegnung, vielsagend über die angeblich so orientierungslose heutige Jugend und ihren Egoismus.

Gottesspiritualität und Gottespraxis ist, wenn Sie als Eltern sich und Ihre Kinder vor dem Einschlafen Gott anvertrauen, so wie eben dieser Tag war.

Gottesspiritualität und Gottespraxis ist, wenn Mönche auf dem Berg Athos frühmorgens um drei Uhr »Kyrie eleison« singen und unermüdlich Gott am Beginn des neuen Tages um sein Erbarmen für die Menschheit anrufen.

Gottesspiritualität und Gottespraxis ist, wenn eine Familie ein behindertes Kind aufnimmt und bis in das Erwachsenenalter hinein mit allen Höhen und Tiefen begleitet.

Gottesspiritualität und Gottespraxis ist, wenn die junge Lehrerin am Morgen auf dem Weg zur Schule ihre Schülerinnen und Schüler auf dem Abenteuer ihres Lebens Gott anvertraut.

Gottesspiritualität und Gottespraxis ist, wenn eine Theologin in Ruanda mit missbrauchten Frauen und Mädchen Therapie- und Bildungskonzepte entwirft und einübt, die ihnen Linderung und Hoffnungsspuren ermöglichen.

Gottesspiritualität und Gottespraxis ist, wenn ein Priester in Peru in der Sonntagspredigt heftig dagegen protestiert, dass ein Reicher einer jungen Witwe mit kleinen Kindern den Acker abgeerntet hat. Fünf Tage geht er dafür ins Gefängnis und weiß nicht, ob er bald in das Zentralgefängnis verlegt wird, wo sie ihn foltern werden.

Gottesspiritualität und Gottespraxis ist, wenn eine Notfallseelsorgerin die Eltern der jugendlichen Unfalltoten in langen, tränenreichen Gesprächen begleitet.

Gottesspiritualität und Gottespraxis ist, wenn Eltern ihr Kind nicht einfach »zur Erstkommunion schicken«, sondern sich mit Texten, Gedichten, Bildern auf die religiösen Fragen und die religiöse Entwicklung ihres Kindes einlassen.

Gottesspiritualität und Gottespraxis ist, wenn Sie in Ihrer Familie nach friedlichen Lösungen auch in komplizierten Konfliktsituationen suchen.

Unsere eigene Lebenskraft kommt von Gott. Wir können uns geistig mit Gott verbinden und aus der Kraft der Gottesbeziehung leben. Wenn wir uns dem Geist Gottes öffnen, kommen wir zu anderen Lebensentwürfen und auch zu einer anderen konkreten Gestaltung unseres Alltages.

Wenn wir sensibel sind, gibt uns Gott ein, was wir tun und lassen sollen. Er gibt uns auch Kraft, schwierigen Situationen standzuhalten. Aus der Spiritualität der Gottesbeziehung heraus zu leben, gibt uns tiefen Sinn und Kraft zur Hoffnung, nach vorne zu leben.

In Beziehung mit Gott und den Menschen leben, ist die Antwort auf die Frage, warum wir überhaupt auf die Welt kommen, wenn wir ohnehin wieder sterben müssen. Eltern sein ist eine ganz besondere Berufung zur Gottesspiritualität.

Sie sind eingeladen zu Abend-Oasen und kostbarer Zeit in Ihrer Familie

Unser sechsjähriger Benjamin fragt vor dem Zubettgehen: »Papa, kommst du noch?« Seine Augen leuchten. Ich lese ihm aus der Bibel vor. Wir sprechen über die Geschichte vom König David, schauen die Bilder an. Auch ich komme zur Ruhe, die Anspannung des Tages fällt von mir ab und ich merke, wie mir dieses Abendritual zwischen Vater und Sohn guttut. Ich lasse den Alltag hinter mir und tauche ein in eine andere Welt.

Am Ende mache ich Benjamin ein Kreuz auf die Stirn und segne ihn. Plötzlich setzt er sich in seinem Bett auf, macht auch mir ein Kreuzzeichen auf die Stirn: »Papa – ich segne dich auch.« Ein unvergesslicher Augenblick meines Lebens.

Kinder sind oft Engel ihrer Eltern. So wie das kleine Mädchen auf dem Titelbild dieses Buches in seinen eigenen Händen die Hände seiner Mutter faltet. Kinder führen ihre Eltern durch ihre Spontaneität, durch ihr Querdenken oft wieder zurück an die Quellen der eigenen Religiosität.

Denn Kinder haben die Gabe zu Rückfragen, die noch nicht in herkömmlichen Schubladen gezähmt sind.

Welche konkreten Wege sind realisierbar und sinnvoll, um den Alltag für Momente offen zu halten, in denen die Gottesbeziehung aufscheinen kann? Gerade für Eltern, die sich auf dem Gebiet der religiösen Erziehung wenig zutrauen, gibt es einige einfache und zugleich wirkungsvolle Möglichkeiten, die von heute auf morgen in einer Familie realisiert werden können:

~ Vor dem Essen ist es eine Geste der Dankbarkeit und der Kommunikation, wenn wir gemeinsam mit den Kindern beten. Dies kann bereits anfangen, wenn das Kind im Hochstuhl mit am Tisch sitzt. Als Gebet eignet sich etwa:

Jedes Tierlein hat sein Essen,
jede Pflanze trinkt von dir,
hast auch unser nicht vergessen,
lieber Gott, wir danken dir.

~ Es ist ganz leicht, gemeinsam mit den Kindern einen »Abendritus« zu entwickeln, der zu einer kostbaren Oase werden kann. Vater oder Mutter – wobei die Väter auf diesem Gebiet viel an Beziehungsdichte zu ihren Kindern gewinnen, wenn sie sich darauf einlassen – setzen sich an das Bett des Kindes und gehen mit dem Kind noch einmal den Tag durch, besprechen möglicherweise

offene Konflikte, danken gemeinsam Gott für das, was schön war an diesem Tag, oder legen Gott das in die Hände, was belastend oder traurig war, etwa wenn jemand in der Familie krank ist. Man kann diese Geschichte des Tages auch in ein einfaches Gebet bringen. Unsere damals fünfjährige Tochter hat nach einem solchen Gespräch einmal spontan gebetet: »Lieber Gott, heute war es gar nicht schön. Der Moritz hat mich nämlich gehaut. Dann habe ich ihn auch gehaut. Schlaf gut, lieber Gott.« Nach diesem Gebet haben wir noch lange über ihren Konflikt mit Moritz gesprochen, der sich dann rasch wieder aufgelöst hat.

Mit der Zeit können sich auch andere Gebete entwickeln, die das Kind von selbst lernen möchte. Später hat Ingrid von selbst angefangen, das »Vater unser« zu beten, ist dann aber hängen geblieben, weil sie den Text nicht mehr weiterwusste. Sie wollte daraufhin einige Abende nur das »Vater unser« beten und hat es schließlich so gelernt.

Ein solcher Abendritus ist nicht einfach ein Abendgebet, das »heruntergebetet« wird. Vielmehr mündet das gesamte Leben und die Kommunikation des abgelaufenen Tages ein in Versöhnung, innere Ruhe und Geborgenheit, die Kinder am Beginn der Nacht ganz besonders brauchen.

~ Ein anderer Vorschlag für kleine, kostbare Oasen mitten am Tag: Kinder gehen gern in Kirchen. Dies ist nicht überraschend, weil sie die Stille und die besondere Atmosphäre der Kirchen oft intensiver aufnehmen als manche Erwachsene. Ich kenne viele Eltern, die mit ihrem Kind auch einmal unter der Woche in die Kirche gehen, um mit ihnen Figuren dort anzuschauen, ein kurzes Gebet zu sprechen oder eine Kerze anzuzünden. Dies ist für Kinder ein urtümliches religiöses Erlebnis, weil sie dafür eine ganz besondere Sensibilität haben. Ein solcher kleiner Gang zur Kirche kann auch mit bestimmten Anliegen verbunden sein: Als ich mehrere Wochen mit Studierenden in Lateinamerika unterwegs war, wollte unsere sechsjährige Tochter jeden Tag mit meiner Frau in die Kirche gehen, um für mich zu beten. Natürlich war es für sie auch reizvoll, wenn sie ein Licht anzünden konnte. Kerze und Licht sind schließlich ein ganz wichtiges Symbol gegen Angst, Dunkelheit und Unsicherheit.

Die religiöse Begleitung von Kindern sollte alltagstauglich sein. In den konkreten Vollzügen des Alltagslebens gibt es genug Möglichkeiten, kurz innezuhalten, Kinder zu segnen, Gott zu danken und die manchmal nervende Alltagsroutine zu unterbrechen.

Wie es in Ihrer Familie konkret geht, entdecken Sie am besten gemeinsam mit Ihren Kindern selbst. An manchen Tagen geht es einfach nicht, mit einem Abendritual abzuschließen. Dann geht es eben am anderen Tag wieder. Wichtig ist, flexibel und situationsgerecht zu handeln. Allerdings können solche Segnungs- und Abendrituale auch schnell wegbrechen, wenn man sie nicht ernsthaft in den Alltag einzubauen bereit ist: Um die Grundentscheidung dafür kommen Sie nicht herum.

Wir können unser Leben ganz verschieden deuten. Wer sein Leben in Berührung mit Gottes Kraft und Verheißung leben kann, wird sich dieses große Geschenk immer wieder selbst bewusst machen. Am Abend vor dem Einschlafen den Tag und die Menschen, mit denen wir unterwegs sind, von Gott berühren zu lassen und sich Gott wie einem wärmenden Licht anzuvertrauen, kann spirituell guttun und weiterführen.

Sie sind eingeladen, in Ihrer Familie den Tagen mehr Leben zu geben

Ein Sprichwort sagt: Man kann dem Leben nicht mehr Tage geben, aber den Tagen mehr Leben. Unsere Tage sind gezählt – wir können sie nicht vermehren. Aber wir können den Tagen, die uns geschenkt sind, mehr Leben geben. Aber wie?

Unser Weg als Eltern ist eine beeindruckende religiöse Berufung, denn unsere Kinder fragen nicht erst, was sie fragen dürfen. Sie sind religiöse Menschen von innen heraus und bringen uns mit ihren Fragen und Aussagen oft an den Rand unserer Denkvorstellungen. Wenn wir ihnen Raum geben, öffnen wir uns für das, was hinter unserer Wirklichkeit liegt:

~ »Wo war ich eigentlich, als ich noch nicht da war?«
~ »Hört der Himmel nie auf?«
~ »Wie geht das, dass ich weiß, dass ich bin?«
~ »Gibt es in der Luft noch eine Welt und unter dem Boden, wenn man tief gräbt, auch eine Welt?«
~ »Glaubt mein Hase, dass Gott aussieht wie ein Hase?«

- »Wer macht die Tage, und wann sind sie alle?«
- »Hast du den lieben Gott eigentlich schon einmal gesehen?«
- »Wenn ich tot bin, bin ich dann noch ganz?«
- »Ich weiß gar nicht, warum es die Welt gibt.«

Mit Kindern Antworten auf ihre Lebensfragen zu suchen, ist unsere Berufung als Eltern. Denn ihre Fragen sind nicht etwa angelernt oder von außen beigebracht, es sind vielmehr ursprüngliche Themen unseres Menschseins, die die Kinder beschäftigen. Kinder lassen sich dabei nicht vorschnell abspeisen, sie treffen mit ihren Fragen oft den Kern der Dinge. Wenn wir uns mit ihnen gemeinsam darauf einlassen, so ist das auch für uns selbst eine große Bereicherung.[2]

Kinder sind nicht auf das Leben und nicht auf das Sterben vorbereitet, wenn ihnen Eltern die Beziehung zu Gott nicht erschließen. Wer seinem Kind die Beziehung zu Gott vorenthält, nimmt ihm etwas Wesentliches, beraubt es um wichtige Möglichkeiten, das eigene und das gemeinsame Leben jetzt und über den Tod hinaus zu deuten.

Eltern wollen in der Regel für ihre Kinder das Beste. In der heutigen gesellschaftlichen Situation steht Förderung der Kinder von Anfang an ganz im Vordergrund. So wird es für Eltern immer wichtiger, ihren Kindern frühzeitig Bal-

---

2 Zu Kindern und ihren Fragen ist sehr anregend: *Rainer Oberthür*, Die Seele ist eine Sonne. Was Kinder über Gott und die Welt wissen, München [4]2006.

lettunterricht, musikalische Früherziehung und mehrere Sportarten zu ermöglichen. Eltern sehen sich diesbezüglich schon geradezu unter einem gesellschaftlichen Leistungsdruck: »Gute Eltern tun das einfach für ihre Kinder!« Umso erstaunlicher ist es, dass es Eltern gibt, die ihren Kindern die Beziehung mit Gott verbauen und sie damit um eine wesentliche Vision für ihr Leben betrügen. Der Hinweis, Kinder nicht um Gott zu betrügen, will aber nicht zu einer weiteren Verschärfung des genannten Leistungsdrucks führen, etwa in dem Sinne: »Ihr seid schlechte Eltern, ihr meint es mit euren Kindern nicht gut, sonst würdet ihr eure Kinder religiös erziehen.« Die Beziehung zu Gott ist nicht Leistung. Die Beziehung zu Gott ist eine Gabe, ein Geschenk. Es geht vielmehr um die Motivation von innen heraus, Kinder an der eigenen Lebensvision mit Gott teilhaben zu lassen und ihnen diese zu erschließen. Genau besehen, ist »religiöse Erziehung« dafür nicht der richtige Begriff. Bei Erziehung könnte man fragen: Wer zieht hier wen wohin? Besser ist es, von religiöser »Beziehung« zu sprechen. Denn die Beziehung zu Gott, unserem Schöpfer und Erlöser aus Leid und Tod, ist immer schon da. Wir müssen uns seine Zuwendung nicht verdienen. Gott lässt den Kontakt nicht abreißen. Die Anfrage an uns ist nur, ob wir auf dieses Geschenk eingehen wollen, ob wir uns und unsere Kinder der Geborgenheit in Gott überlassen und anvertrauen wollen.

Die Gottesbeziehung ist also das größte Geschenk, das Sie Ihrem Kind mit ins Leben geben können: Wir sind bereits umhüllt von der Liebe Gottes – ähnlich wie unsere Erde mit einer Atmosphäre des Lebens umhüllt ist, von der Luft, die wir atmen und die uns am Leben erhält. Wer seinem Kind einen solchen Horizont, eine solche Vision für sein Leben eröffnet, braucht sich nicht dafür entschuldigen, dass er sein Kind religiös erzieht.

Vor einiger Zeit haben Eltern bisweilen noch gemeint, sich dafür rechtfertigen zu müssen, dass sie ihre Kinder religiös erziehen. Religiös zu sein wurde oft mit Rückständigkeit gleichgesetzt. Hier zeichnet sich ein Umschwung ab. Wer sein Kind religiös erzieht, ist nicht von gestern, sondern von morgen. Wer seinem Kind Orientierungsmarken dafür erschließt, dass wir mehr sind als unser Körper, der eines Tages sterben wird, dass uns vielmehr der Horizont über den Tod hinaus als ewiges Leben geschenkt ist, denkt weiter und größer über unser menschliches Leben als diejenigen, die ihrem Kind dies verwehren.

Vor zehn Jahren musste ich mit vielen jungen Eltern über Gottesbilder sprechen, die aus Gott einen strengen Richter, einen Buchhalter, einen Gesetzes- und Leistungsgott gemacht und die Dimension der umfassenden Liebe und Barmherzigkeit Gottes hintangestellt haben. Darunter haben etliche in ihrer eigenen Kindheit und Jugend gelitten. Bei vielen jungen Eltern hat sich inzwischen die Ausgangslage geändert. Sie müssen sich nicht mehr von Angst machenden Gottesbildern ihrer eigenen Kindheit lösen, sie haben aber oft ein anderes Problem: Sie haben selbst nicht viel an religiöser Erziehung erfahren, sind vielleicht in einer religiös gleichgültigen Umgebung aufgewachsen. Und nun sind sie unsicher, haben Nachholbedarf.

Selbstverständlich gilt nach wie vor: Man kann Kindern die Beziehung zu Gott auch dadurch verbauen, dass man ihnen vor Gott Angst macht. Da kann ich nur immer wiederholen: Es ist strikt verboten, Kindern vor Gott Angst zu machen oder die Drohung mit einem strafenden Gott dafür zu missbrauchen, um eigene Interessen und »Erziehungsziele« durchzusetzen. Nicht Angst vor Gott, sehr wohl aber »Ehr-Furcht« sollten Kinder Gott gegenüber entwickeln. Sich vor Gott zu verneigen, zu schweigen ist eine grundlegende Erfahrung für sie.

Im Jugendalter ist es sehr wohl wichtig, auch über das »Gericht Gottes« zu sprechen. Es kann schließlich nicht alles richtig sein, wie Menschen miteinander umgehen. Es kann nicht sein, dass Menschen verhungern, dass Jugendliche mit den Füßen getreten werden, dass brutale Videos von Handy zu Handy geklickt werden. Und es kann auch nicht sein, dass Menschen unterdrückt, Kinder missbraucht und alte Menschen alleingelassen werden. Für Jugendliche sind die Zehn Gebote eine wichtige Provokation. Bei Kindern reicht es, wenn sie diese kennenlernen und sich auf ihrer kindlichen Vorstellungsebene erschließen.

Gott will nicht, dass wir Angst vor ihm haben. Jesus sagt etwas ganz anderes: Ihr könnt zu Gott »Abba« sagen – diese aramäische Anrede Gottes kann man am besten mit »Papa« übersetzen. Dies ist eine völlig andere Qualität von Gottesbeziehung: Du gehörst zu Gott und nicht zum Bereich des Bösen. Du bist in Gott geborgen und er wird dir Beziehung schenken über den Tod hinaus in seiner neuen Welt, in der es kein Leid und keine Tränen mehr geben wird.

Im Psalm 23 wird gesagt: Der Herr ist mein Hirte, es mangelt mir nichts, er führt mich auf grüne Auen, an Wasser des Lebens. Dies ist eine Qualitätsansage für unsere Beziehung mit Gott. Wenn wir religiöse Erziehung als Begriff richtig verstehen, dann geht es letztlich um die Wahrnehmung und Erschließung der bereits geschenkten Gottesbeziehung. Wir erkennen gemeinsam Schritt für Schritt mit unseren Kindern, dass wir bereits in der Gottesbeziehung existieren.

Die Gottesbeziehung ist allerdings nicht nur eine »Schönwetterbeziehung«. Im Buch Hiob des Alten Testamentes wird uns das Leid eines Vaters gezeigt, der seine Kinder, seine Frau und all seine Habe verliert. Er ist entsetzt und klagt Gott, wie er dies alles denn zulassen könne. Am Ende des Buches Hiob sagt er: Ich, Hiob, habe dich, Gott, in diesem meinem Leid von Angesicht zu Angesicht gesehen (vgl. Hiob 42,5).

Unser Leben ist nun einmal nicht nur Sonnenschein. Wir müssen – so wie Jesus auch – durch das Leid und die Kreuze unseres Lebens hindurchgehen, durch den dunklen Tunnel, an dessen Ende das Licht des ewigen Lebens bereits für uns aufleuchtet. Es ist deswegen wichtig, mit Kindern auch all das Gott zu sagen, was uns belastet. Auch Kinder sollen und dürfen lernen, Gott zu klagen.

Meine Großmutter, die für mich religiös sehr wichtig war, starb, als ich zehn Jahre alt war. In der Nacht ihres Sterbens saßen wir an ihrem Bett und haben mit ihr gebetet. Am anderen Tag lag sie im Sarg aufgebahrt im Wohnzimmer. Am Abend habe ich stundenlang zu Gott gebetet: »Lieber Gott, ich weiß zwar, dass das nicht geht, aber bei meiner Oma könntest du ja mal eine Ausnahme machen, dass sie aus dem Sarg herauskommt und wieder mit uns am Tisch sitzt.« Ich habe gebetet und gebetet … Am andern Morgen lag meine Großmutter immer noch tot im Sarg … In diesen Tagen hat sich meine Gottesbeziehung komplett geändert. Ich habe in dieser Situation Gott neu wahrgenommen: Ich habe euch nie versprochen, dass ihr auf dieser Erde nicht sterben müsst, aber ich gebe euch die Verheißung und die Hoffnung, dass ihr über euren irdischen Tod hinaus bei mir ewig leben werdet.

Mit diesem biblisch fundierten Gottesbild wird Kindern in der religiösen Erziehung eine »neue Welt« eröffnet, sie können die liebevolle »Umfassungserfahrung von Gott her« – wie Martin Buber es formuliert hat – wahrnehmen, die in dem Begriff »Reich Gottes« steckt, das Jesus mit vielen Gleichnissen und Bildern farben- und lebensfroh als große Zukunft für uns Menschen verkündet hat.

Religiöse Begleitung verläuft gegenseitig. Oft wollen Kinder mit ihren (religiösen) Fragen vor allem, dass Sie ihnen zuhören, dass Sie das eigene Weiterdenken anregen, dass Sie sozusagen »Reibungsfläche« bieten, an der sich ein Gedanke entzünden kann. Wenn Sie einmal keine Antwort haben, dann spiegeln Sie die Frage zurück: Was denkst du denn dazu? Wie kommst du auf diese Frage? Ich muss selbst noch einmal mehr darüber nachdenken und wir sprechen bald darüber.

So wird religiöse Erziehung zur gegenseitigen Beziehung mit Blickrichtung auf Gott. Der Stress fällt ab. Sie sind mit Ihrem Kind gemeinsam auf dem Weg der Gottessuche, auch dann, wenn Sie gemeinsam Gott entgegenzweifeln.

Sie sind eingeladen, in Ihrer Familie Werte zu leben

Eine Familie ist geradezu dazu »verdonnert«, die alltäglichen Probleme und Konflikte miteinander konstruktiv anzugehen. Dies sind Situationen der Gotteskommunikation.

Ein junger Vater erzählt: »Ich komme an einem Sommerabend nach Hause und sehe im Wohnzimmer unsere schönste Vase in Scherben auf dem Boden. Ohne weiter zu überlegen, beginne ich mit unserem neunjährigen Sohn zu schimpfen: Müsst ihr denn immer alles kaputt machen …! Er beginnt sich unter Tränen zu wehren, dass es die Katze war, die auf den Schrank gespurtet sei und dabei die Vase heruntergeworfen hätte. Am Abend habe ich mich zu ihm ans Bett gesetzt und gesagt: Es tut mir leid, dass ich dich ausgeschimpft habe. Ich habe es völlig falsch eingeschätzt und ich hätte dich erst mal fragen müssen, was überhaupt passiert ist. Wir haben noch lange darüber gesprochen und das Leuchten in seinen Augen kam zurück.«

Es fällt einem Vater kein »Zacken aus der Krone«, wenn er

sich bei seinem Kind entschuldigt, ihm damit signalisiert, selbst auch Fehler zu machen und darauf angewiesen zu sein, dass es eine ausgestreckte Hand gibt. Ganz abgesehen davon lernt ein Kind dabei, selbst später in anderen Situationen zu den eigenen Fehlern zu stehen.

Vergebung, Versöhnung gehören zum christlichen Weg unbedingt dazu. Wer nicht in der Lage ist, um Vergebung zu bitten, aber auch selbst anderen zu vergeben, hat von Gott nichts begriffen. Wir alle bedürfen der Vergebung Gottes und sind darauf angewiesen. So manche Paarbeziehung wäre alltagstauglicher und letztlich auch »glücklicher«, wenn die Partner in der Lage wären, einander auch um Entschuldigung zu bitten, wenn etwas danebengelaufen ist.

Die Wertediskussion floriert derzeit in unserer Gesellschaft. Wer von Werten redet, muss die Qualitätsfrage stellen. Werte an sich überzeugen mich noch nicht. KZ-Wächter hatten auch ihre »Werte«, sie unterschieden zwischen »wertvollem« und »unwertem« Leben. In kommunistischen Regimes war es ein »Wert«, streng auf Parteilinie zu bleiben und alle, die anders dachten, zu denunzieren.

Wenn wir als Christen von Werten sprechen, dann haben wir die Qualitätsfrage schon entschieden: Da ist der Schöpfer unseres Lebens, der unserem Leben von Anfang an Wert und Würde gibt, die wir uns selber nicht zusprechen können. Wir sind nicht nur ein Zufallstreffer der Evolution, sondern ein Lieblingsgedanke Gottes, der unser Leben für so wertvoll hält, dass er uns auch im Prozess der

Wandlung im Tod Bedeutung und Würde in seiner Nähe und in seinem Licht gibt.

Wenn man die – sicher notwendige – Wertediskussion nicht lediglich auf Ethik eingrenzen will, muss man den Horizont auf die Gottesbeziehung hin ausweiten. Denn darin liegt die Grundfrage nach dem Wert, der Würde und dem Sinn menschlichen Lebens, die für alles Weitere bis über den Tod hinaus entscheidend ist.

Wer seinem Kind die Erfahrung und das Erlebnis der Gottesbegegnung und -beziehung mit ins Leben gibt, macht ihm das kostbarste Geschenk, das Menschen einander weitergeben können. Es ist nicht ein Geschenk, das wir selbst hervorbringen. Ein Geschenk aber, das wir in unserer Familie erfahrbar machen können.

Ein Mensch ist keine isolierte Insel, er steht immer in Beziehung. Umso wichtiger ist es, nach der Qualität der Beziehung weiterzufragen. Es gibt Beziehungen, in denen Menschen unterdrückt sind, gedemütigt und ihrer Würde beraubt werden, und es gibt Beziehungen, in denen Menschen aufgebaut werden und aufblühen. Die Gottesbeziehung ist der größte Wert für uns Menschen. Denn Gott denkt groß vom Menschen, er hält zu ihm und verheißt ihm Befreiung – über den Tod hinaus.

Die große Frage nach dem Woher, Warum, Wozu und Wohin unseres menschlichen Lebens hier auf Erden werden wir nie abschließend und mit letzter Sicherheit beantworten können, aber das Ringen darum lohnt sich. Wenn wir auf das Ja Gottes zu uns Menschen vertrauen und uns auf ihn einlassen, dann bedeutet dies auch, dass wir von der Gottesbeziehung her die Werte, die zwischen uns Menschen gelten, neu hinterfragen.

Was sind das zum Beispiel für Werte, wenn jedes Jahr Millionen Menschen an Hunger und Verelendung sterben? Als ob es nicht die Möglichkeit geben würde, die reichen Länder und die armen Länder in einen kreativeren und solidarischeren Austausch zu bringen und Schwerter zu Pflugscharen umzuschmieden!

Wenn die Werte Jugendlichkeit, Schönheit, Gesundheit, großes Auto, Reichtum heißen, werden viele Menschen, die diesen Ansprüchen nicht genügen (können), als weniger wert oder unwert eingeschätzt. Unwert fühlen sich alte Menschen in einem Altenpflegeheim, in dem ihnen aus Gründen des Personalmangels eine Windel umgelegt wird, weil niemand da ist, der mit ihnen auf die Toilette gehen kann. Unwert fühlen sie sich, wenn ihre Angehörigen kaum noch auftauchen und sie alleinlassen. Unwert fühlen sich Mütter, die von ihrem Mann wegen einer Jüngeren verlassen wurden und selbst bisweilen unter der Last von Beruf und Pubertätssorgen der Kinder zusammenzubrechen drohen. Unwert fühlen sich die vielen Schulabgänger, denen kein Betrieb die Hand für einen Ausbildungsplatz hinstreckt. Unwert fühlen sich Kinder, die den überzogenen Ansprüchen ihrer Eltern in der Schule nicht genügen ...

In unserer Gesellschaft ist es derzeit eine große Herausforderung, wie Kinder und Jugendliche Gottes- und Nächstenliebe kennen, einüben und vor allem auch realisieren lernen können. Es ist eine Erfahrung, dass viele von ihnen zur »Compassion«, zum Mitfühlen, zur Solidarität sehr wohl bereit sind. Aber sie bedürfen der Anleitung, einer Provokation gegenüber der Ablenkungsindustrie der Medien und der dröhnenden Disconächte.

Werte zu lernen ist eine Überlebensstrategie in unserer Gesellschaft geworden, soll sie nicht in Egoismus, Aggression oder Gleichgültigkeit versinken. Wir sind als Erwachsene dabei immer mehr in unserer Vorbildrolle gefragt: Reibungsfläche zu bieten gegenüber stromlinienförmigen, konsumorientierten Haltungen und Leitbild für ein gelingendes Leben.

Andererseits verhalten sich so manche Jugendliche verantwortungsbewusster als ihre Eltern, sie zeigen Empathie und Solidarität und engagieren sich leidenschaftlich für ihre Mit- und Umwelt. Wir Erwachsene haben uns manchmal zu sehr in unserer »kleinen Welt« eingerichtet. Kinder und Jugendliche können uns neu das Querdenken lehren.

Wer entschieden vom Kind her denkt, tut gut daran, Kinder religiös nicht im Regen stehen zu lassen, sondern ihnen dabei Begleitung zu geben, so wie sie auch in anderen Bereichen Förderung und Unterstützung für die Entwicklung ihrer Persönlichkeit brauchen. Die letzten Jahrzehnte waren bei uns oft von einer Haltung geprägt, dass Religion und Religiosität etwas sei, wovon man sich emanzipieren müsse. Die Situation hat sich geändert. Die Orientierungslosigkeit ist in einer Weise angewachsen, dass deutlich geworden ist: So ganz ohne Gott geht es offenbar auch nicht. Spätestens dann, wenn die Kinder uns mit religiösen Fragen konfrontieren, wird auch unsere Haltung infrage gestellt: Gibt es da nicht doch mehr als unsere irdische Wirklichkeit, die handfeste Realität?

Es kann ungemein anregend sein, mit Kindern über ihre religiösen Ideen, Fantasien, Deutungen und Vorstellungen zu sprechen, Engel am Wege für sie zu sein, damit sie sich religiös Schritt für Schritt selbstständig orientieren können. Die Kinder wiederum sind für uns Erwachsene ihrerseits Engel am Wege, indem sie uns in ihre Welt mitnehmen, in der sie sich kreativ ihre eigenen Gedanken über »Gott und die Welt« machen. Erwachsene fühlen sich allerdings oft auch hilflos und viele wissen nicht recht, wie sie ihr Kind konkret religiös aufbauend begleiten können. Da kann ich nur immer wieder sagen: Nur Mut! Es ist gar nicht so schwer. Hilfreich ist es, dabei zunächst mit der eigenen Kindheit Kontakt aufzunehmen, sich an die frühen Berührungen mit Gott in der eigenen Kindheit zu erinnern; dies ermöglicht es, authentisch auf Kinder einzugehen und sich in sie einzufühlen.

Die Einschätzung, selbst nicht sicher genug zu glauben, um andere religiös begleiten zu können, kann vor allem auch ein positiver Anstoß zur eigenen Weiterentwicklung sein. In dieser direkten Kommunikation mit Kindern geht es nicht darum, ihnen bestimmte, festgelegte Glaubenswahrheiten zu vermitteln. Sondern es geht um die eigenen religiösen Vorstellungen von »Gott und der Welt«, über die wir mit ihnen sprechen, die wir im Gespräch mit ihnen überprüfen. Und es schadet ja nichts, wenn Kinder uns durch ihre religiösen Fragen zu weiterem Nachdenken anregen. Die Kinderfragen sind oft auch die großen bleibenden Fragen bis ins hohe Alter hinein.

Ohne Werteerziehung laufen Kinder und Jugendliche »aus dem Ruder«. Kinder brauchen Leitplanken und sind darauf angewiesen zu lernen, was geht und was nicht geht. Werteerziehung meint aber mehr als ethische Regeln. Es geht um den Lernprozess darüber, was wertvoll ist im Leben, was den Wert und die Würde des Menschen schützt und wie wir zu einem sinnvollen gemeinsamen Leben kommen. Für die Kinder wird es immer wichtiger, dass sie die verschiedenen Wertvorstellungen in der Gesellschaft beurteilen können.

Sie sind eingeladen, Ihre eigenen Erfahrungen und Vorstellungen von religiöser Erziehung weiterzuentwickeln

Manche Erziehungsstile aus meiner Kindheit und Jugendzeit sind heute völlig unangebracht. Es ist also wichtig, eigene Erlebnisse, auch religiöse Erlebnisse, in der eigenen Erziehung nicht zum Maßstab für die Kommunikation mit unseren Kindern heute zu machen. Ebenso wie in anderen Bereichen können und dürfen wir nicht einfach unsere Erfahrungen aus der eigenen Kindheit unreflektiert übertragen. Zumindest ist ein Reflexionsprozess angebracht.

Es gibt zweifellos »dämonische Gottesbilder«. Manche Menschen mit religiöser Sozialisation kennen solche Bilder von Gott, die Angst machen und einschüchtern, statt Heil und Erlösung zu verkünden. Der Jesuit Karl Frielingsdorf hat diese »dämonischen Gottesbilder« ausführlich beschrieben und kritisiert: Gott ist für manche Richter und Buchhalter, er fordert von uns unmenschliche Leistung und bringt den Tod. Diese Bilder von Gott sind – nicht nur für Kinder – gefährlich und biblisch falsch.[3]

Es ist religionspädagogisch strikt verboten, Kindern Angst vor Gott zu machen. Unterdrückende Formen von religiöser Erziehung sind tabu. Gott darf nicht als Begründung für eigene Erziehungszwecke und Vorstellungen gebraucht oder – schärfer gesagt – missbraucht werden. Gott darf von Eltern nicht gegen Kinder eingesetzt werden, um sich selbst besser durchsetzen zu können.

Religiöse Erziehung will vielmehr anregen, die Botschaft des Christentums, dass Gott uns heil macht, (wieder) zu entdecken und weiterzusagen. Jesus war kein Asket, er hat keine minutiösen religiösen Übungen vorgeschrieben. Seine Botschaft ist Liebe: Selbstliebe, Gottesliebe und Nächstenliebe. Sie ist die Freude des ankommenden Reiches Gottes, das alle Menschen heil macht. Jesus wettert gegen all das, was uns hindert, das Reich Gottes, das Reich des Liebens und Geliebtwerdens, wahrzunehmen. Er wettert daher auch gegen Geld und Macht, gegen Unterdrückung und Ungerechtigkeit; und er holt – nicht zufällig, sondern einmalig und unerhört für seine Zeit – Frauen nahe an sich heran, heraus aus ihrer Bedeutungslosigkeit.

Für mich ist es eine faszinierende Lebensaufgabe, gemeinsam mit Menschen nach dem letzten Sinn des Lebens zu suchen, nach der Gottesbeziehung, wie sie uns Jesus Chris-

---

3 Vgl. *Karl Frielingsdorf*, Dämonische Gottesbilder. Ihre Entstehung, Entlarvung und Überwindung, Mainz 1992.

tus eröffnet hat. Gott ist die Herkunft meiner Herkunft, Gott umhüllt und begleitet mich im Alltag. Er selbst gibt meiner Zukunft über den Tod hinaus eine Zukunft.

Wenn wir Menschen den kurzen Zeitraum, der uns hier auf dieser Erde von Gott als Gabe und Aufgabe gegeben ist, etwas tiefgründiger anschauen, dann geht es im innersten Kern vor allem darum, die Gottesbeziehung in uns selbst zu entdecken, mit anderen zu teilen und die großen Zusagen Gottes für unser Leben zu realisieren und zu feiern.

Der Gottesdienst ist dabei ein ganz wichtiger Ort von Werte-Erfahrung. In der Eucharistiefeier werden wir in den Prozess der Reinigung, der neuen Gewichtung unserer Werte beim Bußakt hineingenommen und auf die großen Verheißungen Gottes geöffnet. Wir sind bei Gott von größtem Wert, wir sind »Kinder« Gottes (Röm 8,16). In dieser Sohn- und Tochterbeziehung zu Gott lebt es sich qualitativ anders, als wenn wir nur Zufallstreffer oder gar Irrläufer der evolutionären Entwicklung wären. Dass Gottesdienste dann auch sehr lebensnah und alltagsorientiert gestaltet werden müssten, liegt auf der Hand – aber immer auch so, dass sie unser Leben in diesem Geheimnis beheimaten.

Menschen brauchen Gemeinschaft und Bestärkung. Wegbegleiterin auf der Suche nach der Richtung unseres Lebens will deshalb die Kirche sein: Sie ist »Zeichen des Heils« auf den staubigen Wegen der Geschichte. Sie ist allerdings immer vorläufig und immer auch sündige Kirche. Papst Johannes Paul II. hat dies an der Schwelle zum 3. Jahrtausend – zum Teil gegen seine engsten Mitarbeiter in der römischen

Kurie – in ein Schuldbekenntnis gefasst und für all das um Vergebung gebeten, was im Laufe der Geschichte der Kirche Sünde gewesen ist. Dennoch: Ohne Kirche würde es die befreiende Botschaft Jesu nicht (mehr) geben.

Ich erziehe Kinder aber nicht religiös des Papstes oder eines Bischofs wegen, die ja selbst lediglich im Dienst der großen Vision stehen, dass wir Menschen alle zum Reich Gottes, zu seinem »Be-Reich«, gehören. Die Kirche ist dazu da, uns Menschen auf diesem Wege zu begleiten, uns dieses Reich Gottes zu bezeugen und die biblische Botschaft als Herausforderung und Provokation in die derzeitige Lebenssituation einzubringen.

Viele Eltern sind allerdings unsicher und stellen sich selbstkritisch die Frage: Glaube ich denn richtig genug, dass ich meinen Kindern von innen heraus einen Weg zu Gott erschließen könnte? An dieser Stelle wende ich ein: Ich muss nicht das Ganze des Glaubens glauben, das kann ich ja auch nicht, das kann auch ein Bischof oder ein Papst nicht. Aber »an einer Ecke« mit Gott Kontakt aufzunehmen, ihm zu danken oder zu klagen, manchmal auch ihn anzuklagen wie Hiob, das ist ein möglicher und für viele auch realistischer Zugang zu religiöser Erziehungskompetenz. So manche Fragen von Kindern können wir nur vorläufig beantworten und auch ich konnte so manche Fragen unserer eigenen Kinder in der Familie oder in der Schule nur vorläufig beantworten. Dies ist sogar ein gutes Zeichen, weil wir damit vor uns selbst und vor Gott zugeben, dass wir die tieferen Geheimnisse bisweilen einfach (noch) nicht verstehen können, dass wir beispielsweise einfach nicht wissen, warum zu unserem Leben Leid gehört.

Ein solches Verständnis von religiöser Erziehung gibt innere Freiheit und Weite. Wichtig ist es, authentisch zu sein und das Gespräch nicht zu verweigern. Dabei können wir vielfach auch auf vorgegebenes Material wie Bücher, Kinderbibeln, Vorlagen für religiöse Rituale und Feiern zurückgreifen. Nicht alles muss »aus uns selbst« kommen.

Ein konkretes Beispiel: Bei einem Vortrag plädierte ich dafür, dass Kinder biblische Geschichten brauchen. Biblische Geschichten sind Rettungsgeschichten, Geschichten von Unheil und Heil. Es meldet sich eine junge Mutter und sagt: »Es ist schon recht, was Sie da sagen. Aber wenn ich selber so manche biblische Geschichte gar nicht glauben kann, merkt mein Kind das doch, und dann ist es doch besser, ich lese überhaupt nicht aus der Bibel vor.« Ich überlegte kurz, was ich dieser Frau antworten könnte, da steht eine ältere Kinderpsychotherapeutin auf und sagt direkt zu dieser Frau: »Machen Sie sich keine Sorgen, die biblischen Geschichten wirken auch ohne Sie …«

Dieser Satz hat mir ein Licht aufgesteckt: Kinder operieren selbst mit biblischen Geschichten. Biblische Geschichten machen etwas mit Kindern und wir müssen sie nicht stellvertretend für die Kinder verstehen, auch nicht stellvertretend für die Kinder glauben. Sie können das schon selbst. Kinder brauchen aber Wegbegleiter, die sie mit biblischen Geschichten bekannt machen und ihnen damit einen Horizont eröffnen, der ihnen sonst schlicht und einfach verbaut bleibt. Es kann eine sehr autoritäre Entscheidung sein, die Sicht von Kindern auf die innerweltlichen Schubladen zu beschränken und ihnen damit eine entsprechende Horizonterweiterung zu verwehren. Der Religionspädagoge Friedrich Schweitzer spricht deshalb vom »Recht des Kindes auf Religion«.

Kinder bringen uns Erwachsene durch ihre provozierenden Fragen dazu, unsere Glaubensvorstellungen weiterzuentwickeln, tiefer nachzudenken und auf unsere eigenen elementaren Fragen nach Antworten zu suchen.

Als Erwachsene sind wir selbst durch schwere Lebenskrisen, durch Frustrationserfahrungen und bisweilen auch angesichts von Überforderung darauf angewiesen, uns Gott intensiver anzuvertrauen und auf seine heilende Barmherzigkeit zu hoffen.

Unsere eigenen Glaubensverständnisse verändern sich ein Leben lang und wir kommen nicht darum herum, auch für unsere eigene Gottesbeziehung aktiv Verantwortung zu übernehmen.

Sie sind eingeladen zu Ritualen in Ihrer Familie

Es ist ein heißer Sommertag, am Nachmittag braut sich ein fürchterliches Gewitter zusammen. Der Himmel verdunkelt sich, es hagelt, das Wasser schießt durch die Straßen, das Licht geht aus. Meine Großmutter nimmt uns Kinder durch die Dunkelheit tastend mit ins Wohnzimmer und zündet eine Kerze an, meine Mutter kommt bald hinzu. Wir beten: »Im Anfang war das Wort und das Wort war bei Gott und Gott war das Wort ...« Ich kann diese Worte aus dem Eingang des Johannesevangeliums bis heute auswendig. Wir beten lange.

Es war für mich als Kind frappierend, dass Beten gegen Gewitter hilft. Wenn ich lange genug bete, geht jedes Gewitter weg ...! Und dennoch: Es war ein Ritus, sich in Not und Bedrohung an Gott zu wenden. Ich bin heute froh, dass ich gelernt habe, mich umso mehr Gott anzuvertrauen, je kritischer und undurchschaubarer, oder gar bedrohlicher es wird.

Ein ganz anderes Beispiel: Es ist Sonntagabend. Nach dem Abendessen sitzt die Familie mit drei Kindern im Alter von zwölf, neun und sieben Jahren um den Tisch, es ist »Familienkonferenz«. Thema: »Wie ist es dir in dieser Woche in der Familie gegangen?« Das jüngste Kind darf zuerst reden. Alle anderen hören ohne Kommentar zu. Es bricht geradezu aus dem Kleinen heraus: »Schon wieder haben sie mir beim Fußballspiel gesagt, dass ich es ja sowieso nicht kann, und ich darf nicht mitspielen.« Der ältere Bruder hört als Betroffener zu und es fällt ihm schwer, nichts zu sagen. So geht es der Reihe nach bis zur Mutter und zum Vater.

Am Ende überlegt jeder für sich, was er in der kommenden Woche in der Familie anders machen möchte. Bei der nächsten »Familienkonferenz« am Sonntagabend spricht die Familie erneut über die vergangene Woche. Über Wochen, Monate und einige wenige Jahre hinweg war dies ein wichtiger Familienritus – »Familienkonferenz«. Eine praxisnahe und sehr effektive Form eines Familienrituals, die zurückgeht auf Erkenntnisse und Beobachtungen des amerikanischen Psychologen Thomas Gordon.[4]

Von der begabten Therapeutin Ruth C. Cohn habe ich eine wichtige Regel für mein Leben gelernt: Störungen haben Vorrang. Bearbeite sie, oder sie nehmen sich Vorrang! Wenn wir so tun, als würde es eine Störung nicht geben, dann ist sie damit gerade nicht aus der Welt geschafft. Sie nistet sich nur umso fester ein und bei allem, was wir dann

---

4 *Thomas Gordon,* Familienkonferenz. Die Lösung von Konflikten zwischen Eltern und Kind, München 2008 (1. Aufl. Hamburg 1972).

miteinander erleben, ist die unbearbeitete Störung im Hintergrund immer mit dabei.

Paare, die lange beieinanderbleiben, möglicherweise lebenslang, also miteinander alt werden, berichten mir oft, dass sie Konflikte genug miteinander hatten. Sie waren aber in der Lage, mehr oder weniger gut diese Konflikte zu lösen, Kompromisse einzugehen und sich auch mit den Schattenseiten des oder der anderen zu versöhnen.

Gerade deshalb ist es wichtig, ein solches Familienritual wie die »Familienkonferenz« einzuführen und konsequent durchzuhalten. In der Regel sind Kinder von diesen Ritualen sehr begeistert, weil sie geradezu »handgreiflich« die Routine des Alltags unterbrechen und die Kommunikation der Eltern untereinander sowie zwischen Eltern und Kindern intensivieren.

Warum Rituale so wichtig sind

Rituale sind gemeinsam vollzogene Handlungen, sie bringen gemeinsame Sinnorientierungen zum Ausdruck. Regelmäßig Wiederkehrendes gibt uns Sicherheit und Kraft, stabilisiert unsere Persönlichkeit. Sich wiederholende ritualisierte Regeln und Handlungen prägen Kinder nachhaltig. Sie bilden eine wesentliche Voraussetzung für die kognitive und emotionale Entwicklung des Kindes und ordnen den Tag, das Jahr, das Leben.

Lernen und die Einspeicherung von Gedächtnisinhalten finden immer auch emotional statt. Solche neuronalen Netzwerke im Gehirn können sich während des ganzen Lebens neu bilden und als eingespeicherte »Handlungsanleitungen« für ganz bestimmte Lebenslagen, Lebensübergänge und Lebensschwierigkeiten dienen. Sie werden dann wieder abgerufen, wenn entsprechende Anforderungssituationen auf den Menschen zukommen. Dabei geht es nicht um die Erinnerung an einen Anlass, sondern um das »erinnerte Wohlbefinden« wie etwa der Geborgenheit aufgrund von gemeinsamen Abendritualen in der Kindheit.

Rituale helfen die Schwellen des Lebens zu überschreiten. Sie geben Selbstvergewisserung bei Neuem und vermitteln das Gefühl der Kontrolle in Angst auslösenden oder sonst überfordernden Situationen. Negative Gefühle, die Angst und Depression auslösen könnten, werden reduziert. In Ritualen wird der Einzelne durch die Gruppe und das Gefühl der Verwurzelung unterstützt. Das Gefühl, nicht fallen gelassen zu werden und das Leben bewältigen zu können, wird verstärkt. So definieren Rituale soziale Beziehungen, festigen die eigene Rolle und vermitteln durch Symbole und Handlungen – etwa: wir segnen uns gegenseitig – Sinn und Zuversicht.

Rituale stellen das Gleichgewicht zwischen Vertrautem und Überschaubarem sowie Neuem und Gefährlichem her, indem sie sich auf das Vertraute konzentrieren – etwa: die Eltern segnen ihr Kind, bevor es aus dem Haus geht.

Die Sakramente Taufe, Vergebung, Kommunion, kirchliche Trauung, Krankensalbung, Ordination integrieren als kirchliche Rituale viele der angesprochenen Bedeutungselemente. Sie haben vor allem dann eine intensive Wirkung, wenn Menschen sich diese Rituale gegenseitig erschließen und sie bewusst gemeinsam erleben.

Rituale erschließen das Geheimnis unseres Lebens

Wenn Kinder und Jugendliche in Westeuropa Tonnen von Pausenbroten einfach in den Müll werfen, bekommt Brot durch diese Handlungsweise die Bedeutung: wertlos, Müll, Abfall.

Wenn in einer Familie oder einer Gruppe von Menschen gemeinsam gegessen wird, der Laib Brot geteilt wird, gemeinsam allen zugänglich und angeboten, bekommt Brot die Bedeutung von Gemeinschaft, Kommunikation und Zusammenhalt.

Wenn in der Eucharistiefeier der Priester betet: »Am Abend vor seinem Leiden nahm Er das Brot in seine heiligen und ehrwürdigen Hände ... Das ist mein Leib, der für euch hingegeben wird«, dann bekommt Brot die Bedeutung der Gegenwart Jesu Christi in seiner ganzen Existenz für uns. Er gibt sich hin, Er gibt sich in unsere Hände, wir vereinigen uns geistig in diesem eucharistischen heiligen Ritual mit Jesus Christus selbst und er holt uns in die Vereinigung mit ihm.

Die Eucharistiefeier ist das zentrale, beeindruckende christliche Ritual. Es realisiert heilige Gegenwart Gottes, Vertrauen in die Zugehörigkeit zu Jesus Christus als dem Tor zur göttlichen Welt.

Sakramentale Rituale sind Energiequellen und Spuren, die dazu verhelfen, das Geheimnis des Lebens zu verstehen. So findet im Taufritual die Berührung mit dem Schöpfer der Welt statt, ohne den es keine Kinder gibt. Kein Kind kommt in diese Welt, ohne dass Gott es möchte. Bei Gott gibt es nur »Wunschkinder«!

Rituale in der Familie sind elementare und vor allem auch erfolgreiche Wege der religiösen Erziehung. Nicht zuletzt auch im Rückblick werden sie von Erwachsenen als intensive positive Eindrücke aus der eigenen Kindheit bestätigt. Viele Erwachsene, die erst einmal einige Jahre auf Distanz auch zur Kirche gegangen sind, werden durch ihre Kinder wiederum zu Gott hingeführt. Sie lesen ihnen wieder biblische Geschichten vor, sprechen vor dem Essen ein kurzes Dankgebet.

Auch ich selbst bin durch unsere Kinder intensiver Christ geworden. Obwohl ich Theologe bin, haben sie durch ihre religiösen Fragen und nicht zuletzt auch durch unsere jahrelangen gemeinsamen Abendrituale in der Familie meinem Leben, auch emotional, einen tieferen Sinn erschlossen und mir geholfen, neu über mein Leben nachzudenken. An und mit ihnen ist meine Gottesbeziehung gewachsen.

Vieles ändert sich natürlich, wenn die Kinder in die Pubertät kommen. Dann ist es besonders wichtig, sich nicht aus den Konflikten zurückzuziehen, sondern bewusst »da zu sein« und auch bereit zu sein, »Reibungsfläche« zu bieten. Nur dort, wo es Reibung gibt, gibt es auch Nähe, Liebe und wärmende Kommunikation. Viele Konflikte, die Jugendliche mit ihren Eltern beginnen, sind gleichzeitig auch ein Aufschrei nach Auseinandersetzung, nach Halt und Neuorientierung. Auch durch Ablösung entsteht Neues. Ablösung auch im Bereich des Kinderglaubens ist nicht nur negativ zu sehen; vielmehr muss sich der Kinderglaube »häuten«, da er sich sonst nicht zu einem tragenden Erwachsenenglauben weiterentwickeln kann.

Rituale, Rituale, Rituale – dies ist die Forderung aus Psychologie, Soziologie und Pädagogik. Rituale in Kindertagesstätten beispielsweise bieten Kindern, aber auch Erzieherinnen klare Strukturen, Wiederholung und Vertiefung. Und genau dies ist derzeit mehr als wichtig. Gegen die Ablenkungsindustrie und die daraus resultierenden Konzentrationsschwächen braucht es geradezu als Gegengewicht mehr denn je sinnorientierende, strukturierende und entschleunigende Rituale.

Rituale haben aber nicht nur die Bedeutung und Funktion, »Wunden auszugleichen«. Sie erschließen vielmehr Visionen für das Leben.

Rituale sind nicht erst wichtig, seitdem wir neue, überraschende Ergebnisse aus der Gehirnforschung zur Verfügung haben. Die katholische Kirche hat eine zweitausendjährige Ritualkompetenz, die wiederentdeckt, aber auch transparenter weiterentwickelt und auf innere Verständlichkeit hin aufblühen kann. Insbesondere Segensrituale sind alltäglich bedeutsam. Kinder brauchen immer Schutz, Umhüllung, die Erfahrung des radikalen Angenommen-Seins bei Gott: »Dann nahm er die Kinder in seine Arme und segnete sie« (vgl. Mk 10,13–16).

In Familien kann durch gemeinsame, sich regelmäßig wiederholende Rituale Vergewisserung, Stabilität und vor allem auch Ruhe entstehen. Angesichts der Ablenkung und der Gefährdung der Kinder durch unkontrollierten Medieneinfluss schaffen Rituale eine Gegenwelt: Verlässlichkeit, Zuwendung, Versöhnung, wirkliches Füreinander-da-Sein. Rituale sind deshalb auch gut für die psychische Entwicklung.

Sie sind eingeladen, als Familie Weihnachten und Ostern zu feiern

Das Wunder der Heiligen Nacht – es ist christlich die geheimnisvolle Berührung der göttlichen Welt mit dieser unserer materiellen Welt – mit Folgen für die Weltgeschichte.

Der innerste Kern des Christentums war zuallererst die Erfahrung, dass der hingerichtete Jesus von Nazareth von Gott auferweckt, also nicht im Tod geblieben ist. Die Beschreibung seiner Geburt ist erst nach dieser Erfahrung entstanden. Dahinter steht eine nachvollziehbare Logik: Wenn heute ein Kind geboren wird, das in fünfzig Jahren große Berühmtheit erlangt, wird man auch über seine Herkunft, seine Geburt und seine Kindheitsjahre nachdenken und diese entsprechend beschreiben. Kein Mensch weiß in den ersten Lebenstagen eines Kindes, wie wichtig und berühmt dieses Kind eines Tages für die Menschheit sein wird. So gesehen ist es sehr verständlich, dass erst Jahre nach dem Tod Jesu und seiner Auferweckung die Versuche beginnen, seine Kindheit und seine Geburt in Worte zu fassen. Als Lukas die Geburt Jesu in Bethlehem in der bekannten Legendenform beschrieben hat (Lk 2,1–20), wussten die Jünger also bereits, dass dieses Kind in der Krippe als Jesus von Nazareth das Reich Gottes verkündet und von sich selbst gesagt hat: »Ich bin der gute Hirt« (Joh 10,11).

Weihnachten: Jesus hat Geburtstag

Das Kind in der Krippe

Jesus von Nazareth wurde in der Regierungszeit des Königs Herodes vor mehr als 2000 Jahren geboren. Die Krippe im Stall ist ein Symbol dafür, dass Jesus, der aus der göttlichen Welt gekommene Sohn Gottes, nicht ein König ist wie andere Könige, die in einem Königspalast geboren sind. Die Zeitrechnung in unserem Kulturkreis wird entsprechend seiner Geburt »vor Christus« oder »nach Christus« angegeben. Maria wurde vom Engel gefragt, ob sie die Mutter Jesu werden wolle, und sie hat mutig Ja gesagt. Zentraler Inhalt in der Weihnachtsgeschichte bei Lukas ist die Geburt Jesu und der Besuch der Hirten. Die Kernaussage der Engel an die Hirten ist: »Heute ist euch in der Stadt Davids ein Heiland geboren, nämlich der Messias, der Herr« (Lk 2,11). Der Evangelist Lukas legt großen Wert darauf, zu begründen, dass Jesus aus dem Stamm des Königs David ist. Bethlehem ist die Stadt Davids. Jesus wird in Bethlehem geboren. Und dass die Hirten als Erste von den Engeln die Botschaft bekommen und zur Krippe eilen, hat auch noch eine spezielle Bedeutung. Die Hirten sind diejenigen, die bestimmte kultische Gebote, beispielsweise Reinheitsgebote oder Ruhevorschriften usw., nicht einhalten konnten und deshalb religiös manchmal ausgegrenzt oder nicht besonders geachtet wurden. Es kommt also nicht auf die Einhaltung der religiösen Gebote an, wenn man zur Krippe gerufen wird.

Das Kind in der Krippe ist der Herr der Welt, nicht ein König mit Soldaten, er wird später der König mit der Dornenkrone sein, der durch den Tod hindurchgeht und von Gott auferweckt wird. Insofern ist Jesus der Sohn Gottes. Er ist aber nicht gezeugt, wie in den griechischen Sagen der Gott Zeus mit einer menschlichen Jungfrau ein Kind zeugt. Es ist die geistige Kraft Gottes, die sich in der Person Jesu von Nazareth in dieser Welt präsentiert. Ein Geheimnis bleibt es allemal. Das Christentum hat dieses Geheimnis nie aufgelöst.

Diese Weihnachtsgeschichte bei Lukas ist die literarische Vorlage für Tausende von Krippenausstellungen in aller Welt. Jede Zeit und jede Gegend hat sich die Geburt in Bethlehem eigenständig und kreativ vorgestellt und präsentiert. Besuchen Sie mit Ihrem Kind eine Krippe in einer Kirche: Es ist immer sehr beeindruckend.

Dieses in der Krippe liegende Kind hat nichts mit den Weihnachtsshows und glitzernden Innenstädten zu tun.

Gott macht Karriere hinein in einen Stall, ohne Reichtum, Schutz und politischen Anspruch. Wenn Sie als Familie schwere Pakete zu tragen haben, können Sie diese zur Krippe bringen. Später wird der Heiland der Welt sagen: »Kommt alle zu mir; ich will euch die Last abnehmen. Stellt euch unter meine Leitung und lernt bei mir, dann findet euer Leben Erfüllung« (Mt 11,28–29).

Herbergssuche

Die Geschichte von der Herbergssuche, wie sie uns im Evangelium nach Lukas knapp angedeutet wird (Lk 2,7), hat wie viele Geschichten in der Bibel eine doppelte Bedeutung. Zunächst wird ausgedrückt, dass das göttliche Kind in der Unsicherheit und Armut, in der Ausgegrenztheit und am Rand geboren wird. Jesus stellt sich später mit seiner Botschaft an die Seite der armen, ausgegrenzten und unwichtigen, oft auch religiös herabgewürdigten Menschen.

Dass zu Zeiten einer Volkszählung die Herbergen überfüllt sind, wenn die Menschen dazu alle in ihre Heimatstadt kommen müssen, ist leicht vorstellbar. Dass Maria und Josef mit dem Kind in einem Stall unterkommen, hat aber eine weitergehende Bedeutung: Gott selbst, der in dem Kind in der Krippe in dieser Welt ankommt und damit dieser Welt zeigt, dass er zu ihr steht und sie ihm zugehörig ist, findet keinen Platz. Er wird weggeschoben. Im Evangelium nach Johannes wird es dann später heißen: »Er kam

in sein Eigentum, doch die Seinen nahmen ihn nicht auf«
(Joh 1,11).

Maria, Josef und das Kind, das dann draußen geboren
wird, finden zunächst keine Aufnahme unter den Menschen – so wie weltweit Millionen von Menschen einen
Platz zum Leben suchen und oft nicht finden. Bereits jetzt
nötigen die Klimaveränderungen Menschen in der Südsee
dazu, ihre Inseln zu verlassen und anderswo einen Unter-
schlupf zu finden. Kriege und Hungersnöte treiben Menschen in Richtung Europa. Dort werden sie zurückgedrängt
und finden keine Herberge.

Herbergssuche hat aber auch eine ganz persönliche Ebene.
Um es in Anlehnung an Angelus Silesius zu formulieren:
Wäre Jesus tausendmal in Bethlehem geboren und nicht
in mir – ich hätte von Weihnachten nichts begriffen! Die
Frage, ob Gott in dieser Welt ankommt und wie und wo er
ankommen kann, stellt sich ja nicht nur für damals, sondern auch für heute.

Wenn man tiefgründig denkt, stellt sich die Frage, ob es
denn überhaupt möglich ist, dass Gott Mensch wird, dass
die göttliche Welt sich auf unsere materielle, sterbliche
Welt voller Leid und Not so öffnet.

Gerade das aber ist ja der innerste Kern des Christentums
– dass Gott unsere Welt berührt, indem er selbst Mensch
wird und damit unserem Menschsein eine unbeschreib-
liche Würde und Bedeutung gibt. »Gott wird Mensch –
also werde Mensch!« ist eine nachdenklich machende For-
mulierung. So wie der Anfang des Lebens im Dunkeln

liegt, so feiern wir den Anfang der Erlösung im Dunkel der geweihten Nacht, der »Weih-Nacht«. Aus der Spannung von Licht und Dunkelheit heraus können wir den Kern besser wahrnehmen: Es geht um die Verwandlung unseres Lebens – die Verwandlung unseres Lebens über unseren Tod hinaus hinein in die göttliche Welt.

Wir feiern in dieser Nacht, dass Unheil und Dunkelheit unserer Welt in die Grenzen verwiesen werden. Die Rettung der Welt und die Rettung Ihres eigenen Lebens und das Ihrer Kinder leuchtet auf in der Mitte der Nacht, in der Dunkelheit auch Ihres Lebens. Die Botschaft des Engels an die Hirten, so heißt es beim Evangelisten Lukas, wird begleitet von Licht, das als Einbruch Gottes in unsere materielle Welt zu verstehen ist: »Da trat der Engel des Herrn zu ihnen und der Glanz des Herrn umstrahlte sie« (Lk 2,9). Intensiver als in dieser Grunderfahrung von Nacht und Licht, von Hell und Dunkel, von Not und Er-Lösung, können wir den Sinn unseres Lebens und der Welt kaum erspüren: Gott ist auf unserer Seite.

Wenn Gott Mensch wird, gehört unser materielles Universum, gehören wir zu Gott. Wissenschaftlich wird in letzter Zeit darüber diskutiert, dass es noch ganz andere, viele Universen gibt. Und wir denken darüber nach, wie groß unser Universum ist. Das Denken anderer Universen übersteigt erst recht unsere Vorstellungsmöglichkeiten. Immerhin aber wird wissenschaftlich diskutiert, dass es einen Wechsel von einem Universum in ein anderes, geistiges Universum geben kann und dass die vielen Universen miteinander verbunden sind. Wer sagt: Das kann ich mir nicht vorstellen, das kann man doch nicht beweisen!, dem erwidere ich: Vor dreihundert Jahren konnte man auch nicht beweisen, dass es Gene gibt. Heute würde man über die Menschen damals sagen: Sie konnten es eben noch nicht besser wissen. Möglicherweise werden wir noch »große Augen« bekommen, wenn wir eines Tages in der Verwandlung im Tod mehr sehen, als wir jetzt sehen können: Gott mit neuen Augen sehen.

Die Heilige Nacht – ein Wunder ist sie allemal. Das Wunder der Heiligen Nacht als Wunder zu spüren und stehen zu lassen ist zwar angesichts der überbordenden Geschäftigkeit in der Weihnachtszeit manchmal schwierig geworden. Möglich ist es aber dennoch, dieses Wunder wahrzunehmen und zu feiern.

Die Heilige Nacht in der Familie

Die Weihnachtsbräuche haben ihre Mitte und ihre tiefen Wurzeln in dem Geschenk, das Gott selbst uns macht. Er schenkt uns Jesus von Nazareth, der aus der Welt Gottes in unsere Welt herabsteigt, der durch sein Leben, durch sein Sterben und durch seine Auferweckung zum Erlöser der Welt wird. Gott selbst kommt auf Sie als Familie zu und schenkt Ihnen seine Nähe und Geborgenheit.

Weihnachtsgeschenke können das Geheimnis dieser Nacht zum Ausdruck bringen. Auch wenn es immer schwerer wird, einen inneren Zusammenhang zwischen dem Geschenk Gottes an uns Menschen – nämlich Jesus Christus – und den Geschenken, die wir einander machen, zu entdecken: Einfach nur ausgeliefert sind Sie dem Adventsrummel nicht. In Ihrer Familie können Sie eine Gegenwelt entwickeln, gemeinsam den eigentlichen Sinn suchen und feiern, und in der Familie Antennen entwickeln, um in diesem Fest die Beziehung mit Gott und Heilkraft für Ihr gemeinsames Leben, nicht nur in der Weih-Nacht, sondern auch in den vielen All-Tagen im kommenden Jahr zu finden.

Weniger ist mehr in der Vorbereitung auf dieses Fest. Im Feiertagsstress entzünden sich unnötige Konflikte, die nur zu Enttäuschungen führen. Stattdessen: das Fest gemeinsam in Ruhe und Gelassenheit vorbereiten, möglichst alle beteiligen und auch Kinder schon in die Verantwortung für die Gestaltung einbeziehen. Wer viele unerfüllte Wünsche und Sehnsüchte eines ganzen Jahres in die Feier des Heiligen Abends hineinpresst, erhöht nur den Erwartungsdruck.

Weihnachten in Ihrer Familie als Fest der Berührung mit dem Kind in der Krippe zu feiern, ist nicht schwierig. Hier ein selbst erprobter Vorschlag:

Die Gestaltung des Heiligen Abends kann mit einem Weihnachtslied, das in der Familie Tradition hat, beginnen. Danach ist Vorlesen dran: Die Geburtsgeschichte Jesu im Lukasevangelium, Kapitel 2,1–20, ist ein Text, der auch in die Familie gehört und dort einen selbstverständlichen jährlichen Platz bekommen sollte.

Sie können gemeinsam zum Kind in der Krippe beten – für Ihre Freunde, die Oma und den Opa, für kranke und verlassene Kinder. In manchen Familien darf eines der Kinder die Jesusfigur in die Krippe legen, ein anderes die Kerze vor der Krippe entzünden. Es ist eine beeindruckende Erfahrung, gemeinsam schweigend in das Licht zu schauen und dann zusammen die Kerzen des Weihnachtsbaumes anzuzünden – sie wird Ihnen und Ihren Kindern unvergesslich bleiben.

Es ist erstaunlich, dass der Weihnachtsritus aus der Kindheit auch für viele Jugendliche seinen Reiz behält, wenn die Gestaltung entsprechend mitwächst. Die Bitten für andere Menschen in der Heiligen Nacht werden von Fünfzehnjährigen natürlich anders formuliert als von Sechsjährigen. Jugendliche können auf ihre Weise den Heiligen Abend mit gestalten, ein Gebet aussuchen oder formulieren, lebensnah und im Blick auf die Familienereignisse stimmig. Das vergangene Jahr mit all seinen Ereignissen und Erlebnissen, mit unerwarteten Überraschungen, ob liebsam oder unliebsam, mit Freuden und Kummer, kann so zur Krippe gebracht werden. Hier einige allgemein gehaltene Beispiele, die durch persönliche Formulierungen ergänzt werden können:

~ *Christus, du Retter der Welt, wir bitten dich in dieser heiligen Nacht für unsere ganze Familie. Lass jeden von uns die richtigen Wege mit den Menschen und mit dir finden und das große Ziel nicht aus dem Auge verlieren.*

~ *Jesus Christus, du Kind in der Krippe, dir bringen wir unsere ganzen Sorgen und Hoffnungen. Begleite du unser Leben im nächsten Jahr.*

~ *Jesus Christus, du Kind in der Krippe, du Retter der Welt, schau auf alle Menschen in ihren Nöten und Verzweiflungen. Stehe ihnen bei und sei ihnen Licht in ihren Dunkelheiten.*

~ *Jesus Christus, du Kind in der Krippe, vor dich legen wir all das, was uns gelingt im Leben, vor dich legen wir aber auch alle Sorgen und Ängste. Stärke uns in Krankheit und Not!*

Ein gemeinsames Vaterunser und ein Weihnachtslied schließen eine solche »Familienliturgie« am Heiligen Abend ab. Die Gefühle sind so eingebettet in Gebete und solidarische Fürbitten. Danach erst gibt es die Geschenke und anschließend das gemeinsame Essen.

Wenn der Tannenbaum, die Krippe, die Geschenke, das gemeinsame Essen Ausdruck des Wunders der Heiligen Nacht werden, dann geht es nicht um Kitsch und Gefühl, vielmehr ist dann die Feier der Heiligen Nacht ein religiöser Höhepunkt im alltäglichen Familienleben.

Ostern: Jesus besiegt den Tod

Vom Dunkel ins Licht

Das Osterfest ist der Dreh- und Angelpunkt des christlichen Weges. Die Erfahrung, dass der schrecklich ermordete, am Kreuz gestorbene Jesus Christus von Gott auferweckt wurde, ist wie eine Explosion der menschlichen Wirklichkeit. Das Zeugnis der Frauen, dass sie ihn nicht mehr im Grab vorgefunden haben, er ihnen – ebenso wie seinen Jüngern – vielmehr als Auferweckter erschienen ist, hat »den Stein ins Rollen gebracht«. Alle Christinnen und Christen sind in ihrem Glauben rückgekoppelt an diese Erfahrung der Jüngerinnen und Jünger Jesu, dass er der Auferweckte ist, der Grab und Tod überwunden hat.

Paulus schreibt in dem frühesten Zeugnis über den Auferweckungsglauben, im 15. Kapitel des Briefes an die Korinther: Wenn Jesus nicht auferweckt worden wäre, dann wäre auch euer Glaube nichtig. Nun aber ist er auferweckt worden und deswegen werden auch wir aus dem Tod auferweckt.

Der innere Zusammenhang der Auferweckung Jesu Christi und unserer eigenen Hoffnung ist, nicht endgültig dem Tod ausgeliefert zu sein, sondern den Tod als Verwandlung hinein in die geistige Welt »erleben« zu können.

Weihnachten ist im Bewusstsein vieler Christinnen und Christen zwar das viel wichtigere und prominentere Fest im Kirchenjahr. So viel an Emotion, Familienreligiosität und Freude löst die Feier des Osterfestes bei vielen nicht aus. Aber die liturgische Feier der Osternacht ist ebenfalls emotional hoch beeindruckend: Der Diakon oder Priester trägt in die dunkle Kirche das Licht der Osterkerze hinein und singt in dem dreimaligen, anschwellenden Ruf »Christus – das Licht der Welt« den Lobpreis auf Gott, der seinen Sohn Jesus Christus nicht dem Tod überlassen hat. Dieses Licht einer einzigen Kerze breitet sich über die Lichter der Gottesdienstgemeinde bis in die Häuser aus, in die das Osterlicht am Ende des Gottesdienstes mitgenommen wird.

Der Diakon singt das »Exsultet«, den großen Lobpreis der Osternacht, der Rettung aus dem Tod. Die Osterkerze wird später in den Gottesdiensten immer wieder entzündet und bei den Tauffeiern holen wir das Licht von der Osterkerze auf die Taufkerze der Kinder, Jugendlichen oder Erwachsenen.

Nach dem Einzug der brennenden Osterkerze in die Kirche hört die Gemeinde die großen Lesungen über die Schöpfung der Welt, über die Befreiung Israels aus der Sklaverei in Ägypten, über die Zuwendung Gottes im Auf und Ab seines Volkes und über die Auferstehung Jesu Christi. In manchen Gemeinden ist es üblich, dass Kinder ihre Mutter oder ihren Vater vor diesen Lesungen fragen: »Warum kommen wir denn in der Dunkelheit in der Kirche zusammen? Was ist das denn für ein Fest, das wir in dieser Nacht feiern?« Und ein Vater oder eine Mutter antwortet: »Wir feiern in dieser Nacht dieses Fest, weil wir befreit sind aus der Dunkelheit des Todes und es für uns einen Blick nach vorne gibt in das ewige Leben.«

Mit älteren Kindern kann man diesen Gottesdienst gemeinsam besuchen. Sie sind in der Regel sehr beeindruckt von den Ritualen der Osternacht. Als Kind habe ich meine Eltern angebettelt, dass ich »schon« in diesen ganz besonderen Gottesdienst gehen durfte, und ich bin heute immer noch von dieser Liturgie tief berührt und getroffen. Seit vielen Jahren trage ich als Diakon morgens um fünf Uhr die Osterkerze in die dunkle Kirche und singe diesen Lobpreis. Es geht mir dabei »durch Mark und Bein«.

Viele Familien bringen eine selbst mit Wachsplatten gestaltete und verzierte Kerze als Osterkerze mit, die sie dann später auch zu Hause, zum Beispiel bei den gemeinsamen Mahlzeiten, entzünden.

Traditionell wird eine Osterkerze mit einem Kreuz, der Jahreszahl sowie einem A (für das griechische *Alpha*) und einem O (für das griechische *Omega*; auch Ω geschrieben) gestaltet: Der erste und der letzte Buchstabe des griechischen Alphabets stehen dafür, dass Gott Anfang und Ende verbindet. Es können aber auch andere, für Sie oder für Ihre Kinder bedeutsame Symbole auf der Kerze angebracht werden, zum Beispiel Wasser, ein Regenbogen, Blumen, eine Sonne usw.

Zuvor kommt aber der Karfreitag ...

Eltern denken oft, dass ihre Kinder mit dem Karfreitag nichts anfangen können. Dies ist eine Fehleinschätzung. Viele Kinder bekommen Sterben und Tod bereits über die Nachrichten im Fernsehen mit – Konflikte, Kriege, ungeheuerliche Situationen. Sie bekommen auch mit, dass Kinder verhungern und manche Eltern ihre Kinder sterben lassen.

Besser als den Kopf in den Sand zu stecken ist es, mit den Kindern in den konkreten Situationen gleich darüber zu sprechen und ihnen damit auch eine Möglichkeit zu geben, besser damit zurechtzukommen, falls das überhaupt – auch für uns Erwachsene – möglich ist.

Es gibt in vielen Gemeinden am Karfreitag »Kinderkreuzwege«, Gottesdienste für Kinder und ihre Eltern, in denen sie sich an den Kreuzweg Jesu, an seinen Tod am Kreuz annähern können.

Kinder sollen nicht mit schockierenden Bildern konfrontiert werden, die sie nicht verarbeiten können. Es muss kein bluttriefendes Kruzifix sein, mit dem man Kindern das Verständnis für den gekreuzigten Heiland erschließt. Sensibel und vorsichtig, den Fragen der Kinder zugewandt, das ist ein wichtiges Prinzip bei der Begegnung mit Karfreitag und dem Kreuz Jesu Christi.

Ein Beispiel, das ich selbst so erlebt habe: Kinder spielen in der Garage »Kreuzigung«. Sie kreuzigen sich symbolisch gegenseitig auf dem Boden liegend. Ich komme dazu und frage sie, warum sie das tun. Die Antwort lautet lapidar:

Wir haben diese Geschichte gehört und wollten sie nachspielen. Der tiefere Anlass und Grund für dieses »Rollenspiel« war, dass ihnen eine Person in ihrer Umgebung die Kreuzigung sehr blutrünstig und Angst machend geschildert hat und die Kinder sich nicht anders zu helfen wussten als durch dieses Spiel, mit dem sie sich Entlastung und Erleichterung verschafften, das Gehörte zu verarbeiten, dessen tieferer Sinn ihnen nicht erschlossen worden war.

Ein anderes Beispiel: Eltern gehen mit ihrem Kind in eine Kirche. Der siebenjährige Sohn kniet sich in der zweiten Bank nieder und betet in traditioneller Weise: »Ich danke dir, Herr Jesu Christ, dass du für mich gestorben bist. Ach lass dein Blut und deine Pein an mir doch nicht verloren sein.« Beim Hinausgehen aus der Kirche fragt der Junge seinen Vater: »Warum ist er eigentlich für mich gestorben? Hätte er doch gar nicht müssen …« Diesem Kind war es gar nicht recht, es war ihm geradezu peinlich, dass Jesus für ihn gestorben sein soll.

Man kann an dieser Situation ablesen, dass mit Kindern religiös sehr sensibel umzugehen ist und an sie keine Deutungen herangetragen werden sollten, die für Erwachsene bestimmt sind. Auch für Erwachsene ist es schwierig zu verstehen, dass Gott seinen Sohn »am Kreuz geopfert« habe, um die Menschheit aus der Sünde zu erlösen. Für mich ist diese Deutung schlüssig: Gott selbst geht mit uns Menschen den Weg durch das Leid, durch die Not und durch das Äußerste an Brutalität und Tod, wie es der Kreuzestod ist, um genau diese Situationen »zu lösen«, uns zu erlösen aus dieser Verquickung mit den Brutalitäten dieser Welt und dem Tod. Er gibt uns damit die Hand und führt uns in der Nacht oder am Tag unseres Todes durch die Dunkelheit hindurch hinein in die erlöste Welt und Wirklichkeit mit ihm.

Es ist für mich der Weg der »Hingabe« Gottes in unsere Lebenssituationen hinein. Gott hat es nicht nötig, selbst seinen Sohn »zu opfern«. Die Bibel spricht eine ganz andere Sprache: Im Hymnus des Briefes an die Philipper wird es so formuliert (Phil 2,6–11):

> *Er war Gott gleich, hielt aber nicht daran fest,*
> *wie Gott zu sein,*
> *sondern er entäußerte sich und wurde wie ein Sklave*
> *und den Menschen gleich.*
> *Sein Leben war das eines Menschen;*
> *er erniedrigte sich und war gehorsam bis zum Tod,*
> *bis zum Tod am Kreuz.*
> *Darum hat ihn Gott über alle erhöht und ihm den Namen*
> *verliehen, der größer ist als alle Namen,*
> *damit alle im Himmel, auf der Erde und unter der Erde*
> *ihre Knie beugen vor dem Namen Jesu*
> *und jeder Mund bekennt: »Jesus Christus ist der Herr« –*
> *zur Ehre Gottes, des Vaters.*

Jesus selbst ist aus der göttlichen Welt also freiwillig gekommen, um uns zu erlösen. Er hat seine Göttlichkeit nicht festgehalten nur für sich selbst, sondern ist herabgestiegen und gibt uns Anteil an der erlösten Zugehörigkeit zu Gott. Diese Sichtweise hilft uns, mit Kindern anders und angemessener über das Kreuz, den Tod und die Auferweckung zu sprechen. Auch für uns selbst als Eltern ist eine solche Vertiefung und Vergewisserung des Verständnisses unseres Glaubens immer eine Herausforderung. Kinder sind dabei oft durch ihre bohrenden Fragen Wegbegleiter, für die wir nur dankbar sein können.

Die Geschichte des Karfreitags kann für Kinder etwa in folgenden Worten knapp erzählt werden:

»Das ist eine schlimme Geschichte: Je näher die Ermordung Jesu rückt, je mehr ihm Menschen antun, desto mehr Freunde verlassen ihn. Die meisten laufen schon weg, als Jesus verhaftet wird. Petrus schleicht hinter ihm her bis zum Haus des Hohepriesters. Dort sagt jemand: ›Du gehörst doch auch zu Jesus.‹ Und Petrus sagt: ›Nein, den kenne ich noch nicht einmal.‹ Dann geht auch er.

Den weiteren Weg geht Jesus allein: Hin- und hergeschickt wird er zwischen denen, die ihn verurteilen und doch an seinem Tod nicht schuld sein wollen. Schließlich der lange Weg hinaus aus der Stadt, zur Hinrichtungsstätte

Golgotha. Lediglich einige Frauen bleiben in der Nähe des Kreuzes und sehen mit an, wie Jesus stirbt. Sie ertragen es, dazubleiben, bei ihm zu bleiben und doch nichts tun zu können.« [5]

An diese Erzählung können Sie einige Gedankenanstöße anschließen: »Der Umgang mit Menschen, die ein schweres Leid tragen, ist manchmal schwierig. Manche von ihnen verkriechen sich und vermeiden jeden Kontakt zum anderen. Manche erzählen immer nur davon, was ihnen passiert ist, auch noch nach langer Zeit. Manche schimpfen auf Gott und sagen: Was ist das für ein Gott, dass er mich so leiden lässt?«

Gemeinsam können Sie in Ihrer Familie überlegen, ob jemand in Ihrem Bekannten- und Freundeskreis durch Krankheit, Tod, Arbeitslosigkeit, Scheidung … belastet ist. Sie können darüber sprechen, ob und wie Sie vielleicht helfen können, gerade auch, wenn schon etwas mehr Zeit verstrichen ist. Mit einem Gebet können Sie dieses Ritual abschließen:

---

5 Die Erzählung, die folgende Gesprächsanregung sowie der Gebetsimpuls nach: *Albert Biesinger, Barbara Berger, Marlies Mittler-Holzem, Thomas Hessler,* Abend-Oasen. Geschichten – Rituale – Gebete – Spiele. Ein Gute-Nacht-Buch für junge Familien, München ²2006.

Gott,
dass Menschen manchmal sehr leiden müssen,
   macht uns sprachlos.
Weil wir uns heute die Geschichte von Jesu Tod
   erzählt haben, sind uns die Menschen wieder eingefallen,
   die in unserer Nähe leben und leiden müssen.
Wir beten heute für sie:
Lass sie spüren, dass du bei ihnen bist.
Lass Menschen in ihrer Nähe bleiben.
Hilf uns, das Richtige zu tun.

Die Vergewisserungen und konkreten Anregungen in dieser Einladung mögen Ihnen Wegbegleitung sein, sich selbst – so wie es eben in Ihrer Familie konkret gehen kann – in der Gottesbeziehung verankert zu fühlen und dadurch bereits jetzt das innere Licht und die Freude zu spüren, von Gott umhüllt zu sein – wie auch immer Dunkelheit und Licht in unserem Leben gerade da sind.

Bei den großen christlichen Festen Weihnachten und Ostern – beide haben mit dunkler Nacht und hellem Licht zu tun – erleben wir zugespitzt die Geheimnisse unserer Gottesbeziehung: Dass Gott uns in dem Kind von Bethlehem so nah gekommen ist, wie es inten-

siver gar nicht sein kann. Und: Das Licht in der Osternacht gibt uns Licht in den Dunkelheiten unseres Lebens.

Kinder können in der Advents- und Weihnachtszeit ganz besonders dicht und emotional die Berührung mit Gott, dem Kind in der Krippe, kennenlernen und erleben. Karfreitag und Ostern erschließen Kindern die Dunkelheit des Todes, die sie oft mehr beschäftigt, als wir Erwachsene denken. Die Verwandlung im Tod durch die Auferweckung Jesu Christi ist für viele Kinder ein großer Trost: »Der Opa ist jetzt im Himmel …« Suchen Sie den für Ihre Familie und in Ihrer Gemeinde möglichen Weg, diese Feste mitzufeiern.

Sie sind eingeladen zu beten – denn der Himmel hört nie auf

Der jüdische Friedensnobelpreisträger Eli Wiesel, Schriftsteller und Überlebender des Holocaust, formuliert es prägnant und provokativ: »Beten heißt, fähig zu sein, seine Stärken und Schwächen zu erkennen, seine Existenz und seine Zukunft zu ermessen, heißt empfangen und geben. Ohne diese Möglichkeit wäre der Mensch um eine wesentliche Dimension ärmer. Niemand ist mehr zu bedauern als der Mensch, der nicht beten kann, denn nicht beten ist keine Sünde, sondern eine Strafe. Die tragischste Stunde im Leben des Bescht ist jene, als er zur Strafe seine Gebete vergaß.«[6]

Immer wieder fragen mich Menschen, Kinder und auch Erwachsene: Woher weiß ich, dass Gott mir zuhört, wenn ich bete? Ich kann ihn ja nicht sehen. Und er antwortet auch nicht. Ich sage dann: Gott ist Gott – seine Verbundenheit mit jedem einzelnen Menschen ist deswegen möglich,

---

6   *Eli Wiesel,* Macht Gebete aus meinen Geschichten, Freiburg 1986, 33f.

weil er der Schöpfer eines jeden Menschen ist und zu allen den Kontakt aufrechterhält. Weil wir von Gott kommen, hat er uns, bereits als wir geboren wurden, einen göttlichen Funken in unser Leben mitgegeben. Und dieser göttliche Funke erlischt nie. Wie mit einer Nabelschnur bin ich immer mit Gott verbunden – wenn ich es will. Ich kann meine Antennen ausfahren und auch meinerseits Kontakt mit Gott aufnehmen. Ich spreche oft direkt mit Gott, obwohl ich ihn nicht sehen kann wie einen Menschen, der mir gerade gegenübersitzt. Meine Augen können ihn nicht sehen. Aber ich weiß, dass ich mit ihm verbunden bin. Oft schließe ich vor dem Einschlafen die Augen und stelle mir Gott wie ein wärmendes, wohltuendes Licht vor, das mich anleuchtet. Ich vertraue Gott den vergangenen Tag an und bitte um Kraft für morgen. Diese Geborgenheit ist für mich ein großes Glück.

Es stimmt natürlich, eine direkte Antwort wie bei einem Telefonanruf bekommen wir von Gott nicht. Gott redet nicht deutsch oder spanisch, russisch oder englisch. Seine Antwort auf unsere Gebete kommt aus der Stille. Wenn wir still werden und uns Gott anvertrauen, dann können wir Gott in uns spüren und fühlen, dass er bei uns ist. Wenn wir, zum Beispiel am Abend im Rückblick auf den Tag, ganz still in uns hineinhören, mit Gott reden und dann wieder in uns hineinhören, kann es sein, dass er uns ganz leise Gedanken eingibt, die seine Antwort sind. Gott kommt nicht im Gewitter und mit Paukenschlag, sondern er kommt im »Säuseln des Windes«. So steht es in einer

tröstlichen Geschichte über den Propheten Elija im Alten Testament (1 Kön 19,11–13).

Oft, nicht immer, wenn wir beten, haben wir einen Einfall, was wir jetzt tun oder besser lassen sollen. Ich habe als Kind oft zu Gott gebetet, dass ich in Mathematik eine gute Note schreibe. Und immer wieder hat Gott nicht auf dieses Gebet gehört. Aber er hat mich dann daraufgebracht, dass ich mich mehr mit Mathematik beschäftigen muss, und dann habe ich auch gute Noten in der Schule bekommen.

Gott ist kein Zauberer, der alle Probleme für uns löst. Beten aber kann uns Kraft geben, die alltäglichen Aufgaben zu erledigen. Beten kann uns Kraft geben, selbst etwas in unserem Leben in die Hand zu nehmen und manches zu ändern. Beten kann uns helfen, weil wir das, was uns belastet, Gott sagen können. Beten kann uns Kraft geben, wenn es in unserem Leben dunkel wird.

An einem Sonntag im August kamen wir morgens in die Klinik, um unsere Tochter, die schwer krank im Bett lag, zu trösten. Kaum waren wir da, sagte die Oberärztin: »Verabschieden Sie sich von Ihrer Tochter, sie lebt noch zwei Stunden. Wir probieren jetzt noch alles, was wir tun können, aber Sie müssen jetzt hinausgehen.« Sie können sich vorstellen, wie es meiner Frau und mir zumute war, als wir im Wartezimmer, vor dieser Intensivstation, Angst um sie hatten. Ich habe Gott geklagt. Ihm gesagt: »Was denkst du dir eigentlich, dass Ingrid jetzt schon sterben soll?! Das wirst du nicht tun. Was hast du denn davon, wenn sie stirbt?« So ging es eine Weile hin und her. Ich war ein Vater, der Gott geklagt hat. Nach einiger Zeit spürte ich Gott direkt vor mir, wie ein tröstendes Licht. Ich habe Gott nicht gesehen wie einen alten Mann mit weißem Bart. Er hatte kein menschliches Gesicht. Aber ich habe ihn wie ein wärmendes Licht gespürt und ich wusste in dieser großen Verzweiflung: Er ist bei uns.

Seither weiß ich: Gott haut nicht ab, wenn es dunkel wird. Was wäre er dann auch für ein Gott!

Nach einiger Zeit hatte ich die innere Gewissheit, dass unsere Tochter nicht sterben wird. Später kamen dann zwei Ärzte und haben uns Mut gemacht, weil es unserer Tochter ein wenig besser ging.

Wir haben weiter gebetet. Wenn Ingrid hätte sterben müssen, dann hätten wir dies auch annehmen müssen und wir hätten dann noch mal ganz anders zu Gott gebetet und ihm geklagt.

Wer also hat unsere Tochter gerettet? Die Ärzte oder Gott, Gott oder die Ärzte? Ich bin überzeugt: Gott hat unsere Tochter durch die Ärzte gerettet. Gott hat keine anderen Hände als unsere Hände. Aber ich habe Gott vor mir gespürt, wie eine starke Kraft, die mir Halt gibt und mich tröstet. Und ich weiß: Er umgibt mich und hält mich wie ein guter Vater, wie eine gute Mutter in den Armen.

Nie werde ich diese Situation vergessen. Ingrid ist heute gesund. Umso mehr denke ich an die Familien, bei denen es anders ausging. Auch ich hätte es schlichtweg akzeptieren müssen. Beten gibt die Kraft dazu.

Ich bin heute froh, dass ich beten kann. Beten ist eine Kompetenz, die ich in meinem Leben in ganz unterschiedlichen Situationen brauche. Es gibt so vieles, wofür wir Gott danken, ihn loben können. Und immer wieder gibt es dunkle Erfahrungen, in denen wir uns nicht anders zu helfen wissen, als ihm zu klagen, ihn anzuklagen, oder auch verzweifelt verstummen. Wenn ich als Notfallseelsorger zu Familien gehen muss, um ihnen die Nachricht zu übermitteln, dass der junge Vater, der von Beruf Dachdecker ist, vom Dach gefallen und tot ist – was soll und kann ich spirituell Sinnvolleres tun, als mich auf dem Weg dorthin Gott anzuvertrauen und dann gemeinsam mit den Kindern und der Ehefrau zu schweigen und Gott zu klagen. Ich sehe noch die beiden Kinder fröhlich vor dem Haus spielen – sehr wohl wissend, dass sie gleich heftig weinen werden. Ich bleibe bewusst noch kurz im Auto, um ihnen einige Minuten des unbeschwerten Spiels zu ermöglichen … Als ich nach zwei Stunden die inzwischen zusammengekommene Großfamilie einlade, für den Verstorbenen ein Vaterunser zu beten, schließen die meisten die Augen und beten mit.

Bei den Mönchen auf dem Berg Athos in Griechenland habe ich gelernt, immer wieder vor mich hinzusprechen: »Jesus Christus, erbarme dich meiner.« Mit diesem Gebet schlafe ich ein – mich und die Welt dem Licht Gottes anvertrauend. Meiner Oma Josefine und meinen Eltern Anton und Martha Biesinger bin ich heute dankbar, dass sie mich beten gelehrt haben.

Menschen, die beten können, sind im Vorteil. Sie haben die Möglichkeit, über die inner- weltlichen Schubladen hinauszudenken und zu -fühlen, zu Gott »Du« zu sagen und mit ihm zu sprechen. Wer Kinder beten lehrt, erschließt ihnen eine grundlegende Kompetenz fürs Le- ben – für helle und dunkle Zeiten und nicht zuletzt auch für den letzten Gang durch den Tunnel des Todes. Zu Gott beten ist wie ein unerschütterlicher Kompass, der durchs Leben führt. Beten bringt Ausrichtung unseres Le- bens auf das große Ziel unseres Lebens: Gott.

Sie sind eingeladen, Familie, Kindergarten und Gemeinde miteinander zu vernetzen

Der Kindergarten St. Michael feiert den Familiengottes-dienst zum Thema »Jesus macht die Kinder stark« mit. Beim Bußakt fragt die Erzieherin den fünfjährigen Michael: »Michael, was ist für dich ein starkes Kind?« Michael deu-tet auf seine Oberarme und tippt mit dem Zeigefinger auf seine Muskeln und sagt: »Nicht hier.« Dann zeigt er auf seinen Kopf: »Hier!«

Alle in der Kirche haben innerhalb von wenigen Sekunden die Botschaft verstanden: Konflikte lösen, ohne sich zu schlagen. Ein Bußakt, der auch den Erwachsenen guttut: Erst denken, dann handeln.

Kinder und Gemeindegottesdienst, das müssen keine ge-trennten Welten sein: gemeinsam singen, kurze Phasen eines geführten Schweigens, um den Altar stehen, sich die Hände beim Vaterunser reichen, eine Evangeliums-prozession, eine Prozession zur Gabenbereitung, ein kurzes Anspiel einer biblischen Szene, mit Kindern formulierte und vorgetragene Fürbitten, ein wichtiges Bild im Altarraum. Es ist natürlich etwas Flexibilität und Kreativität notwendig. Aber wer guten Willens ist, ist dessen fähig.

Ich kenne eine Reihe von Gemeinden, in denen wieder mehr junge Eltern und Kinder zum Sonntagsgottesdienst kommen. Diesen Eltern geht es darum, ihre Kinder auf dem Abenteuer der Gottessuche zu unterstützen und gemeinsam den Sonntag zum herausragenden Tag der Woche zu machen, indem sie zusammen zum Gottesdienst gehen und sich Gott anvertrauen. Für die Gemeinde als Zeichen des Heiles vor Ort darf es gar keine Frage sein, sich mit den Kindern und Eltern zu solidarisieren, mit ihnen gemeinsam den Weg durch die Höhen und Tiefen des Lebens in dieser konkreten, weithin unheilen Welt zu gehen.

Am Beginn des Kindergartenjahres und zu wichtigen Festen wie St. Martin, Elisabeth von Thüringen, Nikolaus, Lichtmess, Erntedank u.a. bieten familiengemäße Liturgien Möglichkeiten für religiöse Erfahrung. Kinder und ihre Eltern können dem Geheimnis des Lebens näherkommen, wenn sie Gottesdienste erleben können, die ihnen Anbetung und große Visionen für ihr Leben aufschließen.

In Kindergärten ist Projektorientierung heute eine Selbstverständlichkeit. Einmal pro Halbjahr ein »Liturgieprojekt« zu entwickeln, kann Farbe und Tiefgang geben, wenn ein in diesem Rahmen gemeinsam von Kindern, Eltern und Erzieherinnen vorbereiteter Gottesdienst gemeinsam mit »den Großen« im Gottesdienst gefeiert wird.

Dass es in jeder Gemeinde »Machthabergruppen« gibt, die es möglicherweise stört, wenn Kinder einen so breiten

Raum in Gottesdiensten einnehmen, ist kein Grund nachzugeben. Wenn eine bestimmte Gruppe so egozentrisch ist, dass Gottesdienste nur so gefeiert werden dürfen, wie es ihnen gefällt, und Kinder ausgegrenzt werden, ist ein entschiedener Klärungsprozess fällig. Solche Konflikte können sehr produktiv sein.

Die zentrale biblische Situation und Kommunikationsqualität zwischen Jesus und Kindern ist mehr als eindeutig: Er heißt sie mit offenen Armen willkommen (Mk 10,13–16). Das berühmte Bild »Christus und die Kinder« von Emil Nolde, das diese Szene aufgreift, lässt die Kinder in der Begegnung mit Jesus in kräftigen Farben geradezu aufleuchten. Ebenso ihre Mütter. Die Jünger sind als dunkle Gestalten gemalt, weil sie ganz offensichtlich diesen Teil der Botschaft Jesu noch gar nicht begriffen haben und den Kindern den Weg zu Jesus verbauen. In so mancher Gemeinde gibt es diesen Typus von »Jünger« und »Jüngerin« bis heute ...

Eltern wünschen sich Segen für ihr Kind. Segen kann man sozusagen nie genug haben. Besonders an Lebensübergängen, dort, wo sich Veränderungen abzeichnen, wünschen wir uns Segen, denn wir haben das Leben nicht einfach »im Griff«. Wir hoffen, dass Gott das Seine hinzutut, damit das Leben gut wird und gelingt. Deshalb erbitten auch viele Eltern für ihr neugeborenes Kind die Taufe, um es so unter den Segen Gottes zu stellen.

Ein großer Einschnitt für Eltern und Kinder ist der erste Kindergarten- oder Schultag. Das Kind geht für einen Teil des Tages seinen eigenen Weg, die Eltern sorgen ab diesem Tag nicht mehr allein für ihr Kind. Die Segnung der Kinder im Rahmen eines Wortgottesdienstes im Kindergarten, zu dem Eltern und Großeltern der Kinder mit eingeladen sind, kann ein unvergessliches Erlebnis werden. Das kann ich aus eigener Erfahrung bestätigen: Am Ende des Kindergartenjahres lädt mich die Leiterin des Kindergartens ein, die Kinder, die nach den Sommerferien in die Grundschule kommen, in einem Wortgottesdienst zu segnen. Der größte Raum des Kindergartens ist so voll wie sonst nie. Die Kinder sitzen im großen Kreis. Jeweils hinter ihnen sind ihre Familien. Ich segne jedes Kind einzeln. Das Gebet zu Gott geht Kindern und Eltern in dieser Situation nahe; wer hätte nicht Sehnsucht nach Schutz, Behütung und Geborgenheit für sein Kind und sich selbst.

Kindergärten sollten sich Schritt für Schritt zu Eltern-Kind-Zentren weiterentwickeln. Entwicklungspsychologisch ist es reichlich kurzsichtig, sich lediglich um die Kinder zu kümmern und nicht gleichzeitig auch um die Familien, in denen sich ihr tägliches Leben – wie auch immer dieses strukturiert ist – abspielt.

Angesichts der multikulturellen Situation in vielen Kindergärten sind außerdem – nicht nur für Kindertagesstätten in kirchlicher Trägerschaft – weiterführende Überlegungen fällig. Ein Beispiel: In einem Kindergarten ist ein Drittel der Kinder muslimisch. Dass hier liturgische Anlässe wie die oben angeführten mit großer Sensibilität zu gestalten sind, ist selbstverständlich. In vielen Situationen führt diese

Ausgangslage jedoch dazu, christliche Themen aus dem Kindergartenalltag herauszunehmen, um die muslimischen Familien nicht zu irritieren.

Unter religionspädagogischen Gesichtspunkten ist dies fragwürdig und inkonsequent. Gerade wenn es für die nachwachsende Generation diese interkulturellen und interreligiösen Probleme zu bewältigen gilt, ist es umso wichtiger, dass sie schon als Kinder lernen »die Anderen als Andere« wahrzunehmen und zu würdigen und selbstbewusst den eigenen Weg im Dialog zu suchen.

Für muslimische Kinder ist es wichtig, dass sie die Bedeutung der christlichen Feste verstehen lernen, wenn sie in unserer Gesellschaft leben. Christliche Kinder und ihre Eltern sollten aber auch verstehen lernen, was »Ramadan« ist, wie sich Muslime Gott vorstellen und wie sie ihre religiösen Feste feiern. Dass muslimische Kinder mit ihren Eltern das Kirchengebäude vor Ort besichtigen, christliche Kinder die Mosche besuchen können, kann für beide Gruppen zu einem horizonterweiternden Erlebnis werden.

Die Alternative, in Kindergärten die religiösen Profile abzuschleifen, damit man sich religiös nicht in die Quere kommt, ist ein völlig falsches Signal. Wichtiger ist vielmehr, Profil zu zeigen und sich auf der Basis von Unterschieden und Gemeinsamkeiten zu verständigen.

Man tut Kindern und Eltern keinen Gefallen, wenn man die religiöse Verständigung ausgrenzt. Langfristig kann dies sogar gefährlich sein, weil damit Potenziale von Rückzug, Aversion und Feindseligkeit entstehen können.

Für die nächsten Jahre ist es die große Herausforderung für die Bildungsarbeit, die »Störungen« zu bearbeiten, die sich im multikulturellen und interreligiösen Bereich abzeichnen. Dabei darf es natürlich nicht zu »Übergriffen« kommen, etwa dass plötzlich muslimische Kinder einfach in christliche Liturgieprojekte integriert werden. Aber es hat sich ja schon längst pädagogisch herumgesprochen, dass man durch »innere Differenzierung« die einen Kinder für zwei Wochen an einem alternativen Projekt teilnehmen lassen kann, während die anderen Kinder an ihrem Liturgieprojekt arbeiten. Gegenseitig Gäste können die Kinder aber religiös allemal sein.

Kinder gewinnen religiöse Orientierung an den verschiedenen Lernorten ihres Lebens. Was Ihnen in Ihrer Familie wichtig ist, können Sie auch im Kindergarten thematisieren. Was im Kindergarten an religiöser Förderung für Ihr Kind entsteht, sollte auch in der Familie ernst genommen und entsprechend weitergeführt werden. Junge Familien können am ehesten dazu beitragen, dass die Pfarrgemeinden familienfreundlich werden oder bleiben.

Sie sind eingeladen, Ihr Kind zu Jesus zu bringen

Im Markusevangelium wird eine wunderbare Geschichte von Jesus erzählt (Mk 10,13–16):

»Da brachte man Kinder zu ihm, damit er ihnen die Hände auflegte. Die Jünger aber wiesen die Leute schroff ab.
Als Jesus das sah, wurde er unwillig und sagte zu ihnen:
Lasst die Kinder zu mir kommen; hindert sie nicht daran!
Denn Menschen wie ihnen gehört das Reich Gottes.
Amen, das sage ich euch: Wer das Reich Gottes nicht so annimmt wie ein Kind, der wird nicht hineinkommen.
Und er nahm die Kinder in seine Arme; dann legte er ihnen die Hände auf und segnete sie.«

Dieser Bibeltext birgt eine große Vision. Ich habe ihn bewusst ausgewählt, um zu zeigen, dass es wichtig ist, Kinder in unserer Gesellschaft, Kinder auf ihrem Weg zu Gott in die Mitte zu nehmen – auch die vielen Kinder, die in unserer Gesellschaft erst gar nicht ins Leben kommen dürfen.

Die Kinderfeindlichkeit, der mangelnde Kinderwunsch und vor allem auch die Situation vieler Kinder in Armut sind ein Alarmsignal für unsere Gesellschaft.

Jesus sind die Kinder wichtig, bei Jesus sind sie wer. Die Leute – es waren die Mütter – bringen die Kinder zu Jesus, damit er sie mit der Hand berühre. Die Apostel schickten die Kinder weg, aber Jesus wird regelrecht zornig und sagt zu ihnen: »Lasst die Kinder zu mir kommen, denn ihnen gehört das Reich Gottes.«

Und es folgt eine ganz besondere Begegnung zwischen Jesus und den Kindern. Jesus nimmt die Kinder auf seine Arme und segnet sie. Er gibt ihnen Grundvertrauen mit, das sie brauchen für dieses Leben in dieser materiellen Welt mit all ihren Begrenzungen, Nöten und Zusammenbrüchen. Er gibt ihnen das Gefühl der Zugehörigkeit. Sie gehören zu Gott.

Umso dramatischer ist es, wenn in unserer Gesellschaft immer mehr Kinder in ihren Familien so erzogen werden, als ob es Gott gar nicht gäbe. Viele Eltern wissen nicht recht, wie sie ihr Kind religiös erziehen sollen. Dabei ist religiöse Erziehung nichts, was man »auch noch« tun sollte. Religiöse Erziehung ist kein Zusatzaufwand. Sie spiegelt sich in ganz kleinen, alltäglichen Dingen, Gesten, Ritualen: etwa am Abend am Bett des Kindes eine Geschichte aus der Bibel vorlesen, eine »Tagesschau« machen und mit den Kindern den Tag durchgehen und den Tag abschließend noch einmal Gott anvertrauen. Sich versöhnen, Kinder nicht unversöhnt einschlafen lassen, ist etwas ganz Wesentliches.

Jesus, so heißt es in der Erzählung, nimmt die Kinder in die Arme. Was kann einem Kind Besseres passieren, als dass es liebevoll in die Arme genommen wird! Dass ihm der Segenswunsch über den Kopf gestreichelt wird: »Du bist bei mir willkommen.«

Wenn ich die gesellschaftlichen Situationen anschaue, dann mache ich mir keine Illusionen. Wie sollen wieder mehr Kinder ins Leben kommen, wenn sich in unserer Gesellschaft mentalitätsmäßig nichts ändert, wenn Industrie und Wirtschaft auf Familien nicht mehr Rücksicht nehmen, damit Männer und Frauen Familie und Beruf besser unter einen Hut bekommen? Es ist extrem kurzsichtig und gedankenlos, wenn manche Kreise beispielsweise den Mutterschutz noch mehr reduzieren wollen, weil dieser für Aktien und Gewinn schlecht sei. Für die Zukunft einer Gesellschaft sind Kinder das Wichtigste. Kinder sind die große Gabe Gottes. Und wenn eine Gesellschaft nicht mehr so viel Zuversicht und Zukunft bietet, dass Eltern bereit sind, einem Kind das Leben zu schenken, dann muss man sich fragen, wohin diese Gesellschaft geht. Sie geht letztlich in die Irre.

Ob wir älter oder jünger sind, Mutter oder Vater sind oder keine Kinder haben, Oma oder Opa sind, in irgendeiner Weise tragen wir alle Verantwortung, Kinder in dieser Welt zu begleiten, ihnen eine Perspektive zu geben, sie ins Herz zu schließen. Nicht nur die eigenen Kinder, sondern die Kinder unserer Gesellschaft. Egal, welche Hautfarbe sie haben, egal, welche Sprache sie auch sprechen, sie sind die

Kinder unserer Gesellschaft und wir haben Verantwortung für sie.

Es geht weiter in diesem Evangelium: »Wenn ihr nicht werdet wie die Kinder, dann habt ihr nichts von Gott begriffen.« Ich habe oft darüber meditiert, was das denn bedeutet. Die Kinder sind zeitlich noch nicht lange von Gott, ihrem Schöpfer, aus der göttlichen Welt weg. Darum sind sie auch so durchlässig auf ihn hin. Sie sind noch viel durchlässiger als wir Erwachsene, die wir schon in die Schubladen der Gesellschaft hineingeschoben sind. Kinder sind noch näher an ihrem Ursprung, sie sind viel empfänglicher, sensibler für Gott. Vielleicht ist das der Grund, warum Jesus sagt: »Wenn ihr nicht werdet wie sie ...« – nämlich durchlässig auf Gott hin –, sonst habt ihr von Gott nichts begriffen.

Jesus stellt die Kinder als Vorbild hin mit ihrem riesigen Vertrauen zu Gott. Wie Kinder die Arme ausstrecken, wenn der Papa oder die Mama heimkommt oder wenn die Oma zu Besuch kommt, wie sie einem entgegenrennen, so sollen wir Gott die Arme entgegenstrecken, uns öffnen, ihm vertrauen und nicht alles selbst machen wollen. Wir dürfen uns retten lassen: Du musst dich nicht selbst retten.

Wenn ihr so werdet wie die Kinder, sagt Jesus, wenn ihr auf mich zukommt und euch von mir in die Arme nehmen und von mir segnen lasst, dann habt ihr viel begriffen. Lassen Sie sich von Jesus über den Kopf streicheln, Er ist der, der Sie über den Tod hinaus nicht im Stich lässt. Er ist nicht der, der uns vor allem Leid bewahren kann. Er ist selbst durch das Leid hindurchgegangen. Aber Jesus geht nicht weg, wenn es dunkel wird. Dieses Vertrauen, sich von Jesus wie Kinder in die Arme nehmen zu lassen, wird Ihnen auch in den Zeiten der Dunkelheit Kraft geben. – Mir hat es schon oft Kraft gegeben. Wenn ich mit Tränen in den Augen hinter Särgen gegangen bin, auf Intensivstationen war und mir vor lauter Schmerz die Sprache wegblieb. Auch Jesus weinte, als sein Freund Lazarus starb. In diesen Situationen ist es wichtig, die Menschen, die in großer Not sind, Gott anzuvertrauen und sich anzuvertrauen.

Der christliche Weg spaltet gerade die Grenzen, Zusammenbrüche und auch die Verzweiflung in den verschiedensten Lebenssituationen nicht ab. »Mein Gott, mein Gott, warum hast du mich verlassen ...« – so Jesus in seiner Todesnot. Warum sollte es uns anders gehen als ihm?

Aber dieser Schrei in Todesnot ist nicht das Ende seines Weges. Der christliche Weg steckt voller Verheißung, er bietet Lebensqualität; ein Weg, für den wir uns in der Gesellschaft nicht etwa schämen und uns in die Defensive drängen lassen müssen. Es ist eine andere Idee von Leben, wenn wir Gottes Verheißungen trauen, auf sie bauen und uns vom Licht Gottes gerade auch in den Dunkelheiten des Lebens durchdringen lassen. Sich wie die Kinder von Jesus umarmen lassen, das schafft Zukunft.

Als junge Eltern sind Sie wichtig, damit das Wort Jesu »Lasst die Kinder zu mir kommen …« auch in Ihrer Umgebung Realität ist und bleibt. Und: Kinder sind darauf angewiesen, dass ihre Eltern ihnen den Weg zur Jesus-Beziehung öffnen. In der Begegnung mit Jesus leuchten die Kinder auf – aber nicht nur die Kinder: In der Begegnung mit Jesus leuchten auch die Eltern auf.

Uns Erwachsenen stellt Jesus die Kinder als Vorbild vor Augen. Und in der gemeinsamen Begegnung mit Jesus bekommt auch unser Leben als Eltern seinen tiefsten Sinn.

Sie sind eingeladen, im Alltag füreinander Engel zu sein

Es ist nicht zufällig, dass Sie zu einer Familie geworden sind. Es sind Wegkreuzungen, Entscheidungen, Zusagen und gemeinsame Hoffnungen, auf die Sie gesetzt haben und setzen.

Nichts ist zufällig in unserem Leben. Es kommt ja immer darauf an, von wem es uns zufällt. Bei allem, was wir entscheiden, tun, korrigieren und verändern: Immer handeln wir im Angesicht Gottes. Manchmal denke ich: Wie kann Gott es aushalten mit uns Menschen, wenn die Menschheit sich in Krieg, Hass, Zerstörung und Bösartigkeit so verhält, wie sie es bisweilen tut? Wir können ihm nicht einfach alle unsere Entscheidungen »in die Schuhe schieben«.

Wir kommen um die Frage nicht herum, ob wir zum »Reich Gottes« oder zum Bereich des Bösen gehören wollen. Die Einladung, füreinander Engel zu sein, führt uns zur Entscheidung für den Bereich Gottes. Umso mehr stellt sich uns dann aber die Frage, wie dies konkret im Alltag gehen soll. Füreinander Engel sein kann bedeuten:

~ Auf die Zwischentöne im ganz normalen Alltag zu hören, die Ihr Kind als Botschaft an Sie weitergibt: eine Er-
kenntnis des Kindes, eine spezielle Bitte, aber auch eine
Verweigerung, die Sie Ihrem Kind jetzt entgegensetzen
müssen.

~ Auf die leisen Töne zu hören im Blick auf Ihre eigenen
Bedürfnisse als Vater und Mutter: selbst einmal wieder
zur Ruhe zu kommen und Entlastung zu finden, auch
gegenseitig darauf zu achten, sodass wir immer wieder
auch zu uns selbst kommen. Zu merken, was Ihr Partner
und Ihre Partnerin braucht, um ein guter Vater oder eine
gute Mutter zu sein, sich über die gemeinsamen Ziele in
Ihrer Familie zu verständigen, was Ihnen guttut und was
Ihnen nicht guttut, das kommt immer auch Ihrem Kind
zugute – und nicht nur das. Es kommt auch Ihnen zugute.

~ Wer es mit Kindern gut meint, muss ihre Eltern stärken. Das heißt, die Eltern müssen sich selbst stärken,
um entsprechend für ihre Kinder verlässlich und vor
allem liebevoll da sein zu können. Nehmen Sie sich eine
Auszeit – einen Tag vielleicht oder eine Woche: Natürlich muss man das gut planen. Wenn aber beide auf
diesem Weg immer wieder die Möglichkeit haben, Kraft
zu schöpfen, kommt wieder ein Leuchten in die Augen
und Freude am Vater-Sein und Mutter-Sein zurück. Im
Blick auf die eigenen Bedürfnisse ist es für Eltern sehr
wichtig, sich nicht in Burn-out-Situationen zu bege-
ben, wo sie dann so ausgebrannt sind, dass sie gar nicht

mehr kompetent und achtsam auf ihr Kind eingehen können.

~ Aufeinander hören, viel miteinander und mit den Kindern sprechen über ihre Gefühle, die Konflikte, auch, wie es ihnen im Kindergarten oder in der Schule wirklich geht. Dann verstehen Sie als Eltern schneller, wenn Ihre Tochter einen Hilferuf wie diesen von sich gibt: »In dieser Klasse muss ich noch vier Jahre diesen Horror ertragen …« Wenn Kinder das Gefühl haben, mit solchen Hilferufen bei ihren Eltern sowieso nicht landen zu können, verstummen sie.

~ Aber auch Sie selbst brauchen Engel am Wege. Nicht umsonst muss es heißen: »*füreinander* Engel sein«, und nicht nur: »für andere Engel sein«. Sich Hilfe holen – sich helfen zu lassen ist oft schwerer, als zu helfen!

Auch in Konflikten können Sie füreinander Engel sein. Eine konfliktfreie Scheinwelt, in der immer alles nur gut ist, verwehrt weitere Entwicklungen und Veränderungen. Oft wird diese scheinbar konfliktfreie Familiensituation durch Unterordnung, Anpassung und Unfreiheit erkauft. Wer wirklich auch anderen Raum zur Entfaltung lässt, muss sich immer wieder selbst zurücknehmen und sich einschränken. In der Regel geht dies über Konflikte. Kinder lernen an der Art und Weise, wie Konflikte angesprochen, verdrängt, offen gelöst werden oder sich möglicherweise als unlösbar erweisen, Entscheidendes für ihr künftiges Leben: Nicht nachtragend sein, wenn es in Diskussionen oder im Konflikt mit Kindern mal heiß hergeht oder Worte fallen, die besser nicht gefallen wären. Sich entschuldigen, wenn es verletzend gewirkt hat. Als Eltern sind Sie geradezu Modell für die Möglichkeiten einer konstruktiven Konfliktlösung oder -verweigerung. Natürlich muss nicht jeder Konflikt zwischen Ihnen als Paar vor den Kindern ausgetragen werden, aber es muss auch nicht so sein, dass die Kinder nicht merken dürfen, was die Eltern gerade zu diskutieren und zu lösen haben. Oft ist es für Kinder gefühlsmäßig gerade wichtig, Anteil zu nehmen an dem, was die Mutter oder den Vater gerade bedrückt und beschäftigt, als wenn dies zwar über alle Poren zu spüren und zu merken ist, das Kind aber lediglich seine Fantasien entwickelt und vielleicht sogar die Schuld bei sich selber sucht. Wenn Sie mit Ihrem Kind Konflikte lösen, muss dies so geschehen, dass sein Selbstbewusstsein, seine Würde und seine Selbstachtung nicht angetastet werden. Konflikte kann man eingrenzen. Sie sind thematisch anzusiedeln: Fernsehen, Computerspiele, wann abends ins Bett gehen, Hausaufgaben machen, im Haushalt mithelfen … Wenn das Thema besprochen ist, dann muss es auch wieder gut sein und das Kind das Gefühl haben, dass die Luft wieder rein ist und es nicht zu einem lähmenden Grauschleier für die Eltern-Kind-Beziehung kommt.

Spirituell geht es bei religiöser Erziehung um die Erfahrung, von Gott unbedingt erwünscht zu sein. Dies ist die Basis, auf der Kinder sich und ihre Gottesbeziehung weiterentwickeln können. Forschungen zur religiösen Erziehung zeigen, dass sie am nachhaltigsten wirkt, wenn Kinder ihre Eltern als liebevoll, zugewandt und Vertrauen aufbauend erleben konnten. Dies spricht gegen autoritäre Methoden in der religiösen Erziehung. Viele Menschen distanzieren sich im Nachhinein umso mehr von ihrer eigenen religiösen Erziehung, je mehr sie ihnen eingetrichtert und autoritär aufgedrängt wurde.

Verlangen Sie von Ihrem Kind allerdings auch Respekt vor Ihren Bedürfnissen, etwa nach einer Stunde Ruhe, nach einem Abend, an dem sie zu zweit weggehen und ein Babysitter kommt. Sie tun Ihrem Kind nichts Gutes, wenn es nicht lernt, Grenzen zu respektieren. Jan-Uwe Rogge[7] weist in seinem lesenswerten Buch »Kinder brauchen Grenzen« eindringlich darauf hin. Sie sind für Ihr Kind umso mehr Engel am Wege, wenn Sie ihm eben auch Respekt und die Einhaltung von Grenzen erschließen und dadurch verhindern, dass aus Ihrem Kind »ein kleiner Tyrann« wird, der sich und anderen das Leben schwermacht.

Scheitern gehört zum Leben. Abschied zu nehmen von Illusionen, über die eigene Familie und was sie alles darstellen und verwirklichen muss, gehört zu einer alltagstauglichen Spiritualität von Eltern. Wer an seine Familie überzogene Ansprüche formuliert, muss notwendigerweise frustriert sein und scheitern. Gerade deshalb gehört zum »Engel-Sein« auch, realistisch zu sein. Engel sind gnädig – auch mit sich selbst.

---

7   *Jan-Uwe Rogge*, Kinder brauchen Grenzen, Reinbek bei Hamburg [25]2007.

Füreinander Engel sein ist nicht nur individuell familienzentriert und damit egoistisch zu verstehen: »Hauptsache, meiner Familie geht es gut.« Schauen Sie über den Tellerrand hinaus, in ihre nächste und auch in die weitere Umgebung.

Ist es angesichts der Weltlage – Millionen Menschen haben kaum Trinkwasser, keine ausreichende sanitäre Versorgung, über eine Milliarde Menschen hungert regelrecht – nicht geradezu ein Hohn, wenn wir uns in unseren Familien oft am Druck aufreiben, bei den neuesten Modeerscheinungen mit dabei zu sein? Wenn es so oft immer nur darum geht, dass wir immer mehr wollen? Dabei gibt es so viele Familien, die unsere Unterstützung und Solidarität brauchen!

Auch schon Kinder können für andere Kinder in armen Gegenden »Engel sein«. Ich habe es selbst erlebt: Ein vierjähriger Junge gibt sein ganzes Geld, damit armen Kindern, die nichts zu essen haben, Äpfel gekauft werden – »weil Äpfel gesund sind«. Es durfte für diesen Jungen nicht sein, dass Kinder nichts zu essen haben.

Dass Kinder indessen bei uns in manchen Familien zum Armutsrisiko werden, ist ein Skandal. Wir leben nicht in einem armen Land. Dennoch gibt es viele Kinder, die hungrig in die Schule kommen, weil es zu Hause nichts zu essen gab. Für alle Kinder aus armen Familien wenigstens einmal am Tag ein kostenloses Schulessen zu ermöglichen, ist das Mindeste, was sich unsere reiche Gesellschaft einfallen lassen muss.

Kinder können schließlich nichts für die sozialen Probleme ihrer Gesellschaft. Manchmal können Eltern etwas für ihre Kinder. Eltern sind Schicksal für ihre Kinder. Aber Kinder können nichts für ihre Eltern. Umso mehr gilt: Wer Kindern helfen will, muss ihre Eltern unterstützen, begleiten und ihnen Perspektiven und Stabilität ermöglichen.

Statt unendlicher Diskussionen über ausgesetzte Kinder oder über die zunehmende Anzahl von Kindstötungen: Geholfen ist Kindern erst, wenn es »Engel am Wege« für ihre Familie gibt. Dies gilt für mich auch weltweit: Immer begleiten mich die Bilder der verelendeten Kinder, die mir bei meiner Arbeit in Lateinamerika begegnet sind. In Holzverschlägen auf dem Boden liegend, in der Nacht in feuchten und ekeligen Hütten von Ratten angebissen – und ich kann sie nicht herausholen. Ich gehe eines Abends in Lima zurück in mein Quartier. Auf dem Mittelstreifen einer sechsspurigen Straße sitzt ein vierjähriges Mädchen mit ihrem zweijährigen Bruder – mutterseelenallein, im wahrsten Sinne des Wortes. Ratlos bleibe ich stehen, ich kann diese beiden Kinder nicht einfach mitnehmen – es würde riesige politische Verwicklungen geben. Ich spreche ein peruanisches Paar an, sie gehen kopfschüttelnd weiter. Noch immer sitzen diese Kinder allein auf dem Mittelstreifen, dem vierjährigen Mädchen gebe ich Geld, damit sie gegenüber an einem der Straßenstände etwas zu essen kaufen kann, schließlich nehme ich sie über die Straße mit – und sie essen und essen … Aber ich muss sie zurücklassen … Was ist das für eine Welt, die Kinder, die Gabe Gottes an die Menschheit, die Gabe Gottes an die Zukunft sind, so behandelt?

Auch dass Kinder so oft erst gar nicht ins Leben kommen dürfen, ist schwer begreiflich. Ich würde heute dieses Buch nicht schreiben, wenn meine Eltern mich in der Nachkriegszeit abgetrieben hätten. Viele Kinder, Frauen, Männer würden heute nicht leben, wenn es nicht »Engel« um schwangere Frauen in Notsituationen herum gegeben hätte. Ein Beispiel: Eine Frau ist mit dem ersten Kind schwanger, ihr Mann droht ihr, sie zu verlassen, wenn sie das Kind nicht abtreibt. Mein Kollege sitzt die halbe Nacht mit ihr im Wohnzimmer, stärkt ihr den Rücken: Sie werden es schaffen – auch ohne Ihren Mann … Es ist ein Ringen auf Leben und Tod, immerhin hat diese Frau für den anderen Tag bereits einen Termin in einer Abtreibungsklinik festgelegt. Später wird diese Frau über dieses ihr einziges Kind sagen: »Er ist mein Engel.« Vor Kurzem ging er mit strahlenden Augen zur Erstkommunion.

Alle brauchen wir »Engel am Wege«. Manchmal sind sie bereits postiert und zeigen uns als eine innere Stimme, wohin die Reise gehen soll, was sinnvoll ist und was zerstören würde.

Es ist kein Zufall, dass wir Menschen gerade in dieser konkreten Region zu dieser Zeit miteinander leben. Unsere Kinder sind uns – wenn man tiefer denkt und fühlt – von Gott anvertraut, sie sind nicht einfach unsere Kinder. Wir sind für sie viele Jahre »Engel am Wege«, aber auch sie sind es genauso für uns. Eltern brauchen Spiritualität. Der innerste Kern einer »Elternspiritualität« ist: Füreinander Engel sein.

»HELL GEGEN DUNKEL«

Zu den Bildern dieses Buches

Gott können wir Menschen nicht nur in Worten wahrnehmen, wir können nicht nur in Gebeten mit ihm sprechen. Wir können Gott auch in Farben sehen, die Gottesbeziehung in Farben und Formen ausdrücken.[8]

Das Bild »Hell gegen Dunkel« (Seite 9) gibt davon exemplarisch Zeugnis. Viele Wochen saßen wir auf der Krebsstation am Krankenbett unserer – heute gesunden – Tochter und machten uns, bangend und hoffend, unsere eigenen Gedanken.

Der Kern des Bildes ist Licht pur. Es breitet sich nach allen Richtungen aus und durchdringt die Dunkelheit, vertreibt sie. Dennoch bleiben dunkle Elemente. Sie geben dem Licht seinen eigentlichen Glanz. Ein Durchbruch wäre in reinem Licht nicht mehr sichtbar. Es würde blenden und wäre seiner Funktion beraubt. Die Polarität von Licht und Dunkel ist für uns Menschen nicht nur physikalisch elementar, sie hat auch psychische und nicht zuletzt in ganz elementarer Weise religiöse Bedeutung.

»Ich bin das Licht der Welt …« – so Jesus über sich selbst. Und wir beten: »Das ewige Licht leuchte dir …« Unser

---

[8] *Albert Biesinger, Gerhard Braun*, Gott in Farben sehen. Die symbolische und religiöse Bedeutung der Farben, München 1995.

Weg geht nach vorn in das Licht Gottes, das uns gerade in der Spannung zum Dunkel unseres Lebens als Sehnsucht und Hoffnung bleibt. Einige dunkle Segmente sind zwar bereits vom Licht eingerahmt, aber nicht wegradiert oder durch vorschnelle Halleluja-Gesänge verharmlost. Rechts unten ist ein ganz dunkles Segment lediglich durch ein kleines helles Quadrat »durchlichtet«. An den Ecken hat sich das Licht nur ansatzhaft durchsetzen können. Auch dies ist eine spirituelle Botschaft.

Das Leben in seinen verschiedenen Farbschattierungen und mit seinen verschiedenen Bausteinen, all das spiegelt sich in den Bildern. Patchwork ist kreative Kunst, komponiert Farben in Stücken und gibt ihnen damit eine besondere Hervorhebung. Textile Kunst galt lange als Handwerk und nicht als Kunst. Es wurden weitgehend Textilien zum täglichen Gebrauch hergestellt. Heute wird Patchwork auch als individuelle, künstlerische Tätigkeit verstanden. Im Unterschied zu gemalten Bildern ist ein Bild aus Stoffen fühlbar. Es hat Nähte, Erhebungen. Stoffe unterschiedlicher Art, Form und Farbe werden auseinandergeschnitten und kunstvoll wieder zusammengesetzt.

Unser Leben ist oft wie »Patchwork« – zusammengesetzt aus hellen und dunklen Flecken, Höhen und Tiefpunkten, Blockaden und Durchbrüchen, Flickwerk aus zusammengenähten Erfahrungen, tragischen und erfreulichen Kompositionen in Licht und Dunkel.

Alles ist Stückwerk, auch religiöse Erziehung. Gott schafft das Ganze.

Die armen, teilweise weit vereinzelt lebenden Nomaden schenkten sich bei Besuchen gebrauchten Stoff oder Stoffstreifen. Wenn die Frauen keine Stoffe besaßen, rissen sie sich aus den langen Röcken Streifen aus dem Saum, um sie zu verschenken. Die Beschenkten wurden damit unter den Schutz der Schenkenden gestellt: »Du bist unter meinem Schutz, wenn du mein Kleid trägst.«[9]
Die Bilder dieses Buches mögen Ihnen wie »Engel am Wege« sein: Unter dem Schutz Gottes leben, gesegnet und umfasst von Gott.

---

9 *Ruth Tschudy*, Korak. Eine alte Patchwork-Technik, Grünstadt ²2003.

Am Ende des Buches sei herzlich auch all jenen Mitarbeiterinnen und Mitarbeitern am Lehrstuhl gedankt, die das Manuskript begleitet und bei seiner Erstellung tatkräftig mitgeholfen haben:
Martina Fridrich, Katharina Blondzik, Volker Gaus, Iris Gruhle, Simone Hiller, Katharina Römer und Johannes Stollhof. Denn auch hier gilt: Was wäre einer allein! Wir brauchen Unterstützung – sei es von oben, aber auch von Menschen, die uns hilfreich zur Seite stehen.

LITERATUR ZUM WEITERLESEN

Folgende Bücher geben weitere Anregungen:

Albert Biesinger, Gott mit Kindern wieder finden, Freiburg 2004.

Albert Biesinger, Kinder nicht um Gott betrügen, Freiburg [14]2007.

Albert Biesinger, Herbert Bendel, David Biesinger, Barbara Berger, Gott mit neuen Augen sehen. Wege zur Erstkommunion. Familienbuch, München [2]2007.

Albert Biesinger, Barbara Berger, Marlies Mittler-Holzem, Thomas Hessler, Abend-Oasen. Geschichten – Rituale – Gebete – Spiele. Ein Gute-Nacht-Buch für junge Familien, München [2]2006.

Albert Biesinger, Helga Kohler-Spiegel (Hrsg.), Gibt's Gott? Die großen Themen der Religion. Kinder fragen – Forscherinnen und Forscher antworten, München [3]2008.

Albert Biesinger, Ulrike Mayer-Klaus, Was feiern wir an Ostern?, Freiburg 2008.

Albert Biesinger, Ulrike Mayer-Klaus, Was feiern wir an Weihnachten?, Freiburg 2007.

Albert Biesinger, Eugen Stross, Wir gehen in die Kirche, Freiburg 2004.

Albert Biesinger, Eugen Stross, Verbinde dich mit dem Himmel. Ein Geschenkbuch für Kinder mit Gebetschnur vom Berg Athos, München [2]2007.

Albert Biesinger, Werner Tzscheetzsch, Wenn der Glaube in die Pubertät kommt. Ein Ratgeber für Eltern, Freiburg 2005.

Albert Biesinger, Andrea Wohnhass (Hrsg.), Das große Buch der Elternschule, Ostfildern 2008.

Durch das Jahr – durch das Leben. Das christliche Hausbuch für die Familie, München 2006.

Thomas Gordon, Familienkonferenz. Die Lösung von Konflikten zwischen Eltern und Kind, München 2008.

Hermine König, Das große Jahresbuch für Kinder. Feste feiern und Bräuche neu entdecken, München 2007.

Vreni Merz, Die Bibel an der Bettkante. Ein Familienbuch. Vorlesegeschichten – Erzählideen – Rituale, München 2007.

Rainer Oberthür, Die Seele ist eine Sonne. Was Kinder über Gott und die Welt wissen, München [4]2006.

Rainer Oberthür, Rita Burrichter, Die Bibel für Kinder und alle im Haus, München [5]2007.

Claudia Pfrang, Marita Raude-Gockel, Das große Buch der Rituale. Den Tag gestalten – Das Jahr erleben – Feste feiern. Ein Familienbuch, München 2007.

Jirina Prekop, Der kleine Tyrann. Welchen Halt brauchen Kinder?, München 2006.

Jirina Prekop, Gerald Hüther, Auf Schatzsuche bei unseren Kindern. Ein Entdeckungsbuch für neugierige Eltern und Erzieher, München [3]2007.

Jirina Prekop, Christel Schweizer, Kinder sind Gäste, die nach dem Weg fragen, München [6]2007.

Jan-Uwe Rogge, Kinder brauchen Grenzen, Reinbek bei Hamburg [25]2007.

Friedrich Schweitzer, Das Recht des Kindes auf Religion. Ermutigungen für Eltern und Erzieher, Gütersloh [2]2005.

Susanne Stöcklin-Meier, Was im Leben wirklich zählt. Mit Kindern Werte entdecken, München [10]2007.